[美] 埃利奥特·阿伦森（Elliot Aronson） 著
顾彬彬 译　黄向阳 审订

不让一个孩子受伤害

Nobody
Left
to
Hate

Teaching Compassion
After
Columbine

华东师范大学出版社
·上海·

图书在版编目（CIP）数据

不让一个孩子受伤害／（美）埃利奥特·阿伦森著；顾彬彬译．—上海：华东师范大学出版社，2019
 ISBN 978-7-5675-9186-8

Ⅰ.①不… Ⅱ.①埃… ②顾… Ⅲ.①校园-暴力行为-预防 Ⅳ.①G474

中国版本图书馆 CIP 数据核字（2019）第 111582 号

不让一个孩子受伤害

著　　者　[美]埃利奥特·阿伦森
译　　者　顾彬彬
责任编辑　顾晓清
审读编辑　张艺捷
责任校对　张佳妮

出版发行　华东师范大学出版社
社　　址　上海市中山北路3663号　邮编 200062
网　　址　www.ecnupress.com.cn
客服电话　021-62865537
网　　店　http://hdsdcbs.tmall.com/

印 刷 者　上海展强印刷有限公司
开　　本　787×1092　32开
印　　张　6.375
字　　数　106千字
版　　次　2019年7月第1版
印　　次　2025年7月第6次
书　　号　ISBN 978-7-5675-9186-8/G·12080
定　　价　48.00元

出 版 人　王　焰

（如发现本版图书有印订质量问题，请寄回本社客服中心调换或电话021-62865537联系）

谨以此书献给我的孙子孙女、他们的老师和所有同学

前　言

我和大多数美国人一样，通过美国有线电视新闻网的现场报道目睹了科伦拜恩高中（Columbine High School）惨案及其学生和家长们的极度悲痛，感到既惊恐又沮丧。我和很多美国人一样，对我们的政策制定者在这一恐怖事件之后提出的天真而无力的解决方案感到惊骇：为学校配备更多的保安和金属探测器，强迫学生在称呼教师时加上"先生"或"女士"以示尊重，以及在学校告示板上张贴"十诫"。我心想："我们的立法者显然可以做得更好"。

然后我突然意识到，我能做得更好。我是一名社会心理学家，在学校里工作，帮助学校创造能使学生学会对同伴产生同情并能站在他人角度思考问题的环境，我相信我有一些有用的东西能够贡献给这场有关校园枪击案的全国性的大讨论。

这本书就是过去整整一年中,我对科伦拜恩事件以及未来如何减少这类灾难发生进行思考的结果。确切地说,这本书实际上是我四十年来试图理解错综复杂的人际互动而进行思考和科学研究的结果:我们是怎样喜欢上别人的,是怎样变得憎恨一个人的,是怎样相互理解,以及是怎样尊敬一个人的。通过这项研究,我描述了学校可以采纳的一些有效的干预措施。这些干预措施最大的好处在于,它们不仅是几十年科学研究的结果,它们操作起来还相对容易,没有痛苦。

致谢

这本书封面上只有我的名字,因此,如果您对本书中的任何问题有不同意见,我是您唯一的"咆哮"对象。但我从不独自做任何事情,这本书也不例外,我很荣幸地向我的研究助理贝弗莉·麦克劳德(Beverly McLeod)表示感谢,感谢她为工作付出的努力,感谢她总是及时回应我的问题和要求。

另外,我很幸运,有一个令人兴奋并给予我支持的家庭。家中每个人都耐心地聆听我的想法,鼓励我的好的想法,与我争辩那些不怎么好的想法,这使我能够从一大堆谷壳中分离出几粒小麦。在这本书写作和编辑的最后忙碌阶段,这些家人帮了很大的忙，因此我要特别感谢他们。他们是维拉·阿伦森（Vera Aronson）、哈尔·阿伦森（Hal Aronson）、朱莉·阿伦森（Julie Aronson）和劳拉·施塔赫尔（Laura Stachel）。

在沃思/弗里曼（Worth/Freeman）出版社的各项事情了结之际，我要感谢凯瑟琳·伍兹（Catherine Woods）、特蕾西·库恩（Tracey Kuehn）、莎拉·西格尔（Sarah Segal）、芭芭拉·鲁辛（Barbara Rusin）、迈克尔·金博尔（Michael Kimball）、斯隆·莱德勒（Sloane Lederer）、劳拉·奎因（Laura Quinn）、杰夫·泰斯（Jeff Theis）、特雷莎·丹克斯（Theresa Danks）、谢里登·塞勒斯（Sheridan Sellers）、费尔南多·奎诺恩斯（Fernando Quiñones）为本书及时出版所付出的辛勤努力和所提出的创见。

目　录

第一章　科伦拜恩出什么事了？　　　　　　　　　　　001
　　怎么办？　　　　　　　　　　　　　　　　　　005
　　科学地探讨这个问题　　　　　　　　　　　　　009
　　为什么避免匆匆得出错误结论这么重要？　　　　013

第二章　你们需要知道人作为社会性动物的一些事情　020
　　不正常环境下的正常人　　　　　　　　　　　　024
　　科伦拜恩惨案可以预测吗？　　　　　　　　　　033

第三章　应对灾难（一）：外围干预措施　　　　　　043
　　枪、枪、枪！　　　　　　　　　　　　　　　　044
　　金属探测器和保安　　　　　　　　　　　　　　050
　　媒体中的暴力　　　　　　　　　　　　　　　　054
　　外围干预措施总结　　　　　　　　　　　　　　060
　　枪手都是处于青春期的男生　　　　　　　　　　061

第四章	应对灾难（二）：根源干预措施的重要性	065
	小集团盛行	072
	外围干预的谬误	082
第五章	根源干预措施（一）：难道大家就不能和睦相处吗？	085
	什么是情绪智能？	088
	情绪智能有多重要？	090
	男孩守则	093
	为什么这是学校的问题？	096
	积极减少欺凌和嘲讽	098
	教会学生与人相处的技能	102
	发展共情	108
	应对没人缘	111
	用小组作业消除敌意	113
第六章	根源干预措施（二）：在课堂上创造合作、共情和同情	120
	减少竞争/促进合作	126
	拼图式课堂	129
	合作：拼图式与篮球	139
	鼓励共情	141
	学生们对拼图式学习有什么看法？	144
	谁能从拼图式学习中获益	147

是什么使得拼图式学习如此有效?	*148*
作为自我说服的合作学习	*152*
拼图式教学的难题以及如何解决	*155*
既然合作学习这么好,为什么不是人人都用它呢?	*158*
一个教师如何才能学会使用拼图式?	*161*
那么,竞争究竟有什么错?	*162*

第七章　总结和结论:说了不算做了算　　*164*
　　社会学习和模仿　　*166*
　　社会心理学和公共政策　　*171*

参考文献　　*174*

网络资源　　*189*

第一章 科伦拜恩出什么事了?

1999年4月20日这一天,科伦拜恩高中的走廊、教室和图书馆里枪声激荡。两名学生怒气冲冲,手持枪械和炸药,乱枪扫射,致一名老师和多名同学死亡,而后这两名学生举枪自尽。特警在枪声停止之后终于封锁了教学大楼。他们发现共有15人死亡(包括2名开枪者本人),23人需要住院治疗——其中有些人受伤严重。这是美国历史上最严重的校园惨案。

这一事件实在骇人听闻,我们现在发现情况还可能会更糟。就在惨案发生前的几个星期,两名枪手录制了录像带,从这些录像带中我们得知他们事先对如何行事仔细计划了好几个月。事实上他们一共准备了95个爆炸装置,只不过由于一个简单的电子设备故障没能引爆。这些爆炸装置中的一只安放在距学校几英里的地方,它将第一个爆炸,把警察吸引过去处理,让他们忙得顾不上学校的事。第二只爆炸装置将在餐厅爆炸,那里学生多,把他们炸死之后,其他几百名学生就会惊慌失措地奔向室外,而埃里克·哈里斯(Eric Harris)和迪伦·克里伯德(Dylan Klebold)正守在那里向他们开枪。第三只爆炸装置装在他们停在停车场的车上。这个装置已设定好时间,将在警察和医护人员出现后爆炸,以制造更大的混乱,增加更多的伤亡。在录像中,两个少年极其开心地预测,这一天他们将会杀死250个人。

试着想象一下,假如你是科伦拜恩高中的学生家长,早上充满爱意地为女儿准备好午餐,先送她去上学,然后再去打理自己的事情。你坚信:她的学校是个安全的地方。所以你现在正在办公室里听着电台音乐,或正在给老板写一条备忘录,或正在从超市回家的路上——突然音乐中断,一条新闻插播进来。采访记者严峻又有些慌乱地播报:科伦拜恩高中发生了一起枪击案,疑似有几名学生已死亡或身受重伤。警察已经包围了学校,却还没能进入学校。枪手正在四处走动,手上握有自动步枪和炸弹。有一些学生已成功逃脱,毫发无伤,但大多数学生还被困在大楼里,处于枪手的威胁下。

我有4个子女、5个孙辈,他们都曾在或将在这个国家不

第一章 科伦拜恩出什么事了?

同地方的公立学校上学。我知道我会产生什么样的感受。我能对科伦拜恩学生家长的震惊和惶恐感同身受。我和那晚在网络上目睹这一事件以及第二天一早在报纸上看到相关新闻的大多数父母和祖父母一样,感到无助、绝望和愤怒。时至今日,住在小镇和郊区的大多数居民依然认为,那些极端暴力行为只是市中心日常生活中悲剧性的一幕,不会发生在富足的小镇和郊区。但下面的这一认识对这些家长来说,犹如一记重击:如果这样的事能发生在科罗拉多利特尔顿的中产阶级社区,它就能发生在任何地方。不幸的是,似乎在所有地方都发生着这样的事,在那些宛如诺曼·罗克韦尔(Norman Rockwell)画中的小城和小镇,如科罗拉多的利特尔顿,佐治亚州的科尼尔斯,爱达荷州的诺特斯,俄勒冈州的斯普林菲尔德,田纳西州的费耶特维尔,宾夕法尼亚的埃丁伯勒,阿肯色州的琼斯博罗,肯塔基州的西帕迪尤卡,密西西比州的珀尔,俄克拉荷马州的吉布森堡。

具有讽刺意味的是,在这样一个暴力尤其是校园暴力普遍减少的年代里,却发生了这些悲剧。在过去十年里,每年校园枪击案的数量事实上是在减少的。总的来说,我们的学校是安全的。事实上,对那些生活在如底特律、纽约、洛杉矶、费城和休斯顿这样充斥着犯罪,或与战区毗邻的麻烦最多的市中心的年轻人而言,学校是最安全的地方。看看下面的这组数据:美国大约有 5 千万的学生在 108 000 所公立学校上学,但只有不到 1% 的青少年在学校或学校附近自杀。

所以,为什么要恐慌呢?这些媒体里的专家不是应该庆祝而不是绝望地握紧双手吗?我们是否应把所有的关注放在枪支控制上呢?媒体将一则悲剧事件的概率放大,制造那些根本不存在的"趋势"和"含义",无非是对学校安全问题小题大做而已。

我却不这么认为。让我们仔细看看。是的,学校自杀的数字确有全面下降的趋势。但这种下降几乎确定无疑地归因于这样的事实:处于危险地区的学校安装了金属探测器、监控摄像头,配备了安保人员,小心谨慎地(很大程度上成功地)防止那些特别暴力或陷入困境的年轻人将枪支带进校园。

而数据清楚地表明,在过去几年中,校园里或学校附近发生的各种伤害事件的数量增长迅速。在不到两年的时间里,就有 8 起学生对学生的枪击案,而每一起案发地区都离骚乱的市中心十万八千里。哥伦比亚广播公司和《纽约时报》最近所做的一次民意调查显示，治安良好社区中的52%的青少年现在都心怀恐惧，害怕他们学校会发生科伦拜恩式的袭击，并且不仅仅是学生感到恐惧，家长们对学校安全问题也表示感到很有压力、很焦虑。

怎么办？

在校园枪击，尤其像科伦拜恩惨案这样的恐怖枪击事件带来令人悲痛的结果后，责怪某人是我们的第一反应。我们要求弄清楚，谁可能失职了，谁可能是共谋，谁该觉察到凶兆。我们对将这一行为解释为两个少年的心理失常感到不满。我们想找出这两个少年背后真正的罪犯：

——教师或校长有没有忽视什么？为什么他们没有在事发前觉察出问题？

——两名枪手的家长怎么回事？通情达理的家长怎么会对自己的儿子在卧室里藏有枪支并在车库里制造雷管炸弹毫不知情？

——还有，我们的学校出了什么问题？为什么他们没有教会我们的孩子明辨是非？

——难道那些电子游戏和血淋淋的恐怖电影没有使我们的年

轻人对真实人类的痛苦以及人死不能复生变得更为敏感吗？如果我们能够禁止这些形式的娱乐，不就能让我们的学校重新变得安全了吗？

要责怪某人的想法是完全可以被理解的。但如果我们真想要解决问题，如果我们真想要防止此类悲剧再次发生，那么清楚地区分两种不同的责备就非常重要。第一种责备，其目的在于发现灾祸发生的原因，以便提出可行的干预措施。第二种责备，仅仅就是谴责而已。谴责是一场伟大的室内运动。如果我们能够撕下元凶的面具，然后辱骂他们的话，怎么说也会让我们感到不那么无助。如果我们判决元凶是学校管理人员，他在换班的时候睡着了，那我们就可以要求校长辞职，但解雇一位校长并不能解决问题。如果我们判决元凶是家教不严，那我们就可以羞辱或起诉杀人犯的家长，但羞辱或起诉杀人犯的家长也不能解决问题。这类责备就好比是简单的膝跳反射。从长远看，对我们并没有多大好处。

但理性地解决问题却好处多多。我们人类是追求解决问题的动物，当悲剧发生时，我们想知道它发生的原因。这不是无聊的好奇心。如果我们能够查明原因，我们就能解决问题。比如，一旦有飞机坠毁，我们就会花大量的时间和精力去搜索黑

第一章 科伦拜恩出什么事了？

匣子，即便这只黑匣子掉在大洋浪高风急的水域下250英尺深处。黑匣子是全面调查的核心：飞机设计上是否有缺陷？是否存在金属疲劳或电线老化现象，而之前的检查没有发现？是不是飞行员出了差错？当飞机等待在跑道上的时候，机翼上是否已经结冰？飞机上是否搭载了危险的物品？这是一场精心策划的破坏行动吗？调查的过程是缓慢而痛苦的，通常需要几个月甚至几年才能完成。

在校园枪击案之后，我们没那么有耐心了。在还没有全面了解发生问题的原因之前，我们就急于找到立刻解决问题的办法。这就是为什么国会在科伦拜恩惨案之后投票通过了在犯罪法案里增加一条补充条款的提案。补充条款赋予各州允许学校张贴"十诫"的权力。"我理解，把'十诫'贴在墙上不会马上改变我们国家的道德感。"该提案的提议人罗伯特·阿德霍尔特（Robert Aderholt）说，"但它却是促进道德进步、终结孩子杀害孩子的重要一步。"啊，如果真这么简单就好了！

可以理解，家长要求加强校园安全，学校领导也很快答应了。在全国，许多学校迅速装上了金属探测器和监控摄像头。他们制定了身份证政策。他们除掉了学生柜子上的锁，并要求学生打开背包接受检查。他们还要求学生检举揭发那些用暴力威胁同学的学生,甚至那些仅仅是看上去与众不同(比如着装怪异、不与人交往等)的学生。一些学校要求对所有学生进行人格测试,目的在于分析哪些学生具有实施凶残暴行的倾向。当地警察局还专门在高中组织反恐特警们训练。

报纸专栏作家、电视台专家、政客,以及一般公众迅速开始责备放任的家长、懈怠的学校官员、媒体,以及整个社会。自卖自夸的专家比比皆是,每一个都有一套有关原因和措施的不同意见。下表列出了被提到最多的意见。

政治上的权宜之计	
问　　题	快速补救的方法
我们的教育机构没有足够的道德训练?	允许在学校祷告或在每间教室里张贴"十诫"
媒体中暴力影像过多?	取缔暴力的电影、电视和电子游戏
枪支太多,太容易弄到?	实行更严格的枪支管控
年轻人不够尊重人?	制订校规,要求年轻人必须尊称教师为"先生"和"女士"
有些学生行为不同于常规?	把他们识别出来,要么对他们进行监视,把他们赶出学校,要么对他们进行强化治疗,直到他们能够像其他人一样

科学地探讨这个问题

如果我们要想在将来减少校园杀戮的数量,就不能把目光仅仅聚焦在行凶者身上。如果我们只是简单地将最近多起校园枪击案看成是少数心理失常的青少年的随意行事的话,那我们就犯了一个可悲的错误。用一种有意义的方式,即用理性的工具透视行凶者背后的东西是当下重要的事。在我们急切地奔向一项干预措施之前,我们必须要弄清问题的深刻根源以及提出的每一项干预措施可能会造成什么后果。

总的来说有两种类型的干预:根源干预和外围干预。据我判断,上表中那些所谓的"治疗"措施中有些还是有优点的,有些却没什么用,还有一些几乎可以肯定好处少而造成的伤害却很多。但这些都是外围干预,并没有成功找到问题的根源,即便那些有用的措施也是如此。如果一项外围干预措施(比如枪支控制或金属探测器)被证明是有用的话,那就没有理由不用它,但我们必须意识到更深层次的问题依然存在。在我们进行任何干预前,我们必须保证对它的使用是有据可依的。这就马上显示出:这些"治疗"大部分都没有坚实的根据——只是靠着情绪、妄想、偏见,是政治上的权宜之计。

为什么这么说呢?作为一个社会心理学家,我花了四十多年的时间研究人类的行为及其动机。社会心理学是一门科学,它关注人类社会性行为的重要方面:劝说、遵从、爱、恨、攻击、偏见以及喜爱这些人际之间的事情。我用"研究"这个词,并不是指只对人类行为进行观察然后推测行为背后的原因。我指的是从这些观察中得出具体的假设,然后用非常严格的科学方法对这些假设进行验证。

大多数读者可能会对此感到惊讶,但实验社会心理学家使用的这些策略和技术与医学研究者对新药进行测试所采用的策略和技术,其功用是一样的。医学研究者如果完全靠着懒散的观察、偏见、传闻、民间智慧或政治上的权宜之计来决定药物是有效、有害或是没有任何效果,那么他们就会被公司赶出去。并且,他们还知道不能轻易地听信病人在服用新药后感觉好多了的证言。在服用糖丸和蛇油之后,许多人都有身体变好的感觉,甚至还有人觉得自己那些严重的疾病都得到了治愈。这就是众所周知的"安慰剂效应"。安慰剂产生的积极感觉只有有限又短暂的价值。然而我们周遭仍有那么多人——有些用意良好,有些是江湖骗子——利用"安慰剂效应"兜售未经测试的物质，将其当作治疗从痤疮到癌症等各种疾病的神奇药物。幸运的是，大部分消费者如今都很有经验了，能够避免在这些未经测试的治疗上花费巨资；现在我们中的大部分人在吞下任何治愈严重疾病的旧药或混剂前，都要求对它们进行严格的科学检测。

在设计影响人类行为的政策时，这些标准应该同样重要——尤其是当所涉及的是功能障碍或有害行为时。因为，在缺乏仔细的科学调查的情况下，我们就会容易被我们所谓的关于人性的"常识性"观念所愚弄，就像我们容易被能说会道的蛇油小贩愚弄一样。事实是，对于人类行为的常识性观念常常是错误的，其导致的结果往往也很可悲。比如，1896年到1954年，大多数政策制定者以及普通大众都相信"隔离但平等"这句信条。他们确信只要学校设施大致一样，将非裔美籍孩子与白人孩子分隔开是无害的。1954年，社会心理学家们帮助推翻了这一"常识性"的政策。他们用科学证据说服了高等法院：仅仅隔离这一事实就会对少数族裔年轻人的自信产生严重的消极影响，从而干扰他们的学习能力，并永久地阻碍他们的智力和情感的发展。简言之，"隔离但平等"是一个矛盾的说法：隔离本身就会带来不平等。

那么，科学社会心理学能对科伦拜恩惨案这样的悲剧以及如何防止这类悲剧发生提出什么样的真知灼见呢？那太多了。在下面几章里，我们会用仔细的科学研究的透镜来观察上表中提到的那些推测和干预。通过这样做，我们希望在枪支易得与媒体暴力对儿童和青少年行为的影响这类问题上，将有充分根据的知识与随意的推测区分开来。我们还要仔细检查一下像张贴"十诫"、要求学生尊称教师为"先生"和"女士"这类干预措施的相关数据。最重要的是，我们要试着探究问题的根源：我们要仔细考察美国大部分高中盛行的社会风气，并试着判断这种风气如何酿成了近年来发生在利特尔顿、西帕迪尤卡、斯普林菲尔德以及其他社区的学校里的悲剧。

关于最后一点，我需要做点解释。毫无疑问，在我的观念里，这些暴行是病态的。实施暴行的人精神失常了。他们的行为不能用任何理由来解释。但如果我们将这些事件仅归咎于个人的精神错乱而无其他缘由的话，那我们就一定会错过一些重要的事情。据我对全国各地学校的了解，我认为这些暴徒极有可能是在以一种极端的、病态的方式对普遍的排挤氛围做出回应。这是一种让大多数学生感到身体不适、厌恶、困难，甚至是羞辱性的学校氛围。如果是这样的话，那么对课堂的社会氛围进行彻底改变将会成功地将学校变为一个安全的场所（降低学生因为被排挤而产生不满，并做出极端暴力行为的可能性）。这或许还会成功地营造出一种社会氛围，让学校变成一个对所有学生而言更加愉悦、更具激励作用、更富有同情心、更人性的场所。这是我们的终极目标。

为什么避免匆匆得出错误结论这么重要？

为什么我们需要科学审慎地对待这件事情？考虑到这个问题极其重要，这种漫无目标的策略——同时进行几种可能的干预，期待其中有一个或几个能够起点作用——错在哪里？正如我先前所示，问题是，一些表面合理的干预极有可能会导致不好的甚至是灾难性的后果，这取决于学校里究竟发生了什么。让我举个让你们信服的例子。在科伦拜恩悲剧发生几天后，我16岁的孙子从高中放学回家，对我说："您猜怎么着？校长发出通知，要我们将那些着装怪异、行为诡异、不合群的或被大家冷落的人报告给他们。"

乍看起来，这似乎是一项合理的行动方针：当局不过是想将那些符合科伦拜恩惨案枪手形象的孩子识别出来——那些精神有些失常的或可能惹麻烦的孩子，那些不受欢迎或被其他学生孤立的孩子，那些穿着黑色军用防水上衣或其他奇怪装束的孩子。这样当局就可以留意他们，给他们提供特殊辅导，或采取其他措施。但在我看来，校长的手电筒照在了错误的地方。原因如下：通过我对课堂的研究，我发现大多数学校的社会氛围是竞争性的、小集团的、排斥性的。我访谈的大部分学生对学校中普遍存在的冷落和排斥的氛围感到十分痛苦，这使得高中生活非常不愉快。而对不少人来讲，他们的体验比不愉快还要糟糕——他们将之描述为活地狱。这些人处在小群体之外，感到不安全、不受欢迎、被羞辱、被捉弄。通过让"正常"学生指出"奇怪"的学生，我孙子高中的校长无意识地将那个已经很坏的环境变得更坏了，他暗中制裁了那些被嫌弃和受排挤的学生，这些学生唯一的罪过就是不受欢迎。他这样做，将这部分本就不受欢迎的学生推向了深渊。

大量的学校行政人员都想要采取这一行动路径的意图越来越明显，他们想这么做，是因为这种干预表面上似乎合理又无害。而且，从官僚角度看，这也是一种利己的反应。因为，如果在科伦拜恩惨案之后，我孙子高中的校长没有采取任何行动，而学校随后又发生了枪击，他就会惹上大麻烦。但如果他曾试图找出那些"怪异的、孤僻的"家伙来,那么即便发生了枪击案,也不会再有人找他的麻烦了——尽管他的行为可能使局势更紧张,进而导致了枪击案。正因为如此,学校当局才想要做点什么——这能使他们摆脱观望,然而实际上他们并不想真正解决问题。我认为,这是一个灾难性的解决方法。

如果我的推理有可取之处的话,可能在于它强调不要快速冲向半生不熟、没有经过很好研究的干预措施。但家长的急躁是可以理解的。我们渴望行动。如果我们的学校发生了危险,我们就要处理——尽快地处理。我们不愿意等待科学的社会心理学家们集中起来研究,以求得更好的结果。

好消息是,我们不需要等待。相关的研究已经完成了。事实上,科学的社会心理学家们在这些问题上已经认真研究了许多年。我们发现并验证了多种转变学校氛围的方式,能够将学校从一个高度竞争、小集团密布、充满排挤的地方——如果你属于"错误"的种族或民族,站在错误的一方,穿错了衣服,太矮或太胖,太高或太瘦,或就是和别人"合不来",你就会被有意地疏远——转变为让学生们学会相互欣赏、体验共情、同情以及相互尊重的地方。我曾在无数场合下见证过这种转变:那些本来由于民族或种族差异,或仅仅是看上去或做事的方式不同而相互间充满偏见的学生却成为了要好的朋友。

我和我的同事从两方面着手实现了这些小小的神话：一方面是教会年轻人更好地控制冲动的具体方法，以及怎样与别人相处，以便友好地解决人际间的冲突。这将在第五章中具体阐述。另一方面是建立课堂生活的简单策略，促进学生间的合作而不是竞争，并且在这一过程中，激励学生以尊重的态度听别人说话、相互帮助、相互关心。学生将通过历史、地理、生物和所有传统学术性科目的学习来获得这些特质，并且他们的这些科目学得和在传统课堂里一样好，甚至更好。这种方法将在第六章中进行论述。

第二个策略和第一个不同，它不需要任何新的课程资料；它只是用一种非传统的结构对传统教材进行教学，在这种非传统结构中，学生被聚拢在一起而不是彼此竞争。我的研究和我同事的研究一再表明，通过以一种合作的方式与他人一起亲密学习，学生们开始在同学身上发现以前从没注意到的积极特质。这样生活几周之后，人为制造的排斥的壁垒开始消失，同情、尊重、包容的氛围最终建立起来。而这些积极的成果并不是以牺牲学业为代价换来的。相反，在这样的课堂里学生的学业表现都有所进步——学生在学业测试中取得的分数要高于那些传统的、更具竞争性的课堂里的学生。

这不是一个不切实际的方法。在过去三十年里,我和我的同事对这些有关学习的合作策略进行了十分仔细的科学研究,并在全国上百所学校进行实践,获得了巨大的成功。这些发现只需要进行更广泛的实践,就会使这个国家的每个年轻人都有机会体验到融入社会的好处。在下面的章节里,我们将提供相关的信息并讨论使用合作学习策略的最佳方式以及其他的教育改革——这些改革是重要的、人道的,最重要的是,它们是可行的。

等一下。如果社会心理学家发现这些知识已有二十多年之久了,为什么不早早将它们应用于更广泛的实践中呢?不幸的是,在社会心理学家揭示科学发现与我们社会相关部门利用这些科学发现之间有着一道深深的鸿沟。大多数社会心理学家将他们的实验结果发表在相当深奥的学术期刊上,读者主要是其同行而不是一般大众或政策制定者。此外,和医学研究的结果不同,大部分社会心理学的研究结果不会被大众媒体报道,也不会出现在晚间新闻中。

这不是媒体的错。总体来讲,我们社会心理学家没有做好科普工作。(作为一个旁观者,我倾向于说不总是这样。如果给予经济上的刺激，所有人都能从我们晦涩的学术期刊上挖出有用的社会心理学知识。如广告文案和营销人员就利用了我们对诸如熟悉度对于说服的影响力和稀缺性对增加产品吸引力的重要性等现象的研究；公司行政层细察了我们对有效领导的研究；政治运动的组织者知道一些我们对积极信息或消极信息的相对有效性的研究；那些撰写幸福婚姻学畅销书的作家们钻研了我们对人际吸引力的来路的研究。）

然而不幸的是，往往只有像科伦拜恩式的悲剧才能唤起公众改变学校氛围的兴趣，促使社会心理学家让研究更为家长、教师、政策制定者和普通市民等诸如此类的人所知所用。知识就是力量。以得到证实的知识构建的有效的课堂干预措施，能使家长和教师行动起来，将学校变成一个安全的地方，一个更加人道、更具同情心的地方。这就是我撰写本书的原因。

让我尽量简洁而清晰地重申本书的主旨：我认为那些在学校枪杀自己同学的学生都经受过被排挤、被轻慢、被嘲弄的强大压力。毫无疑问，他们的行为是病态的，也是不可饶恕的。但我认为，他们的行为只是一座巨大冰山的病态之旅。普遍的排挤风气意味着有大量学生在初中和高中过得很悲惨。所以，本书的目的不单单是防止这些病态的"失败者"杀害他们的同学。本书旨在创建一种没有失败者的课堂氛围。在真正的意义上，本书要创建一种非常真实的氛围，要创建一种不让任何一个人生恨的氛围。它旨在为教师和家长提供工具和方法，不以牺牲学生应学的基本学术课程为代价，将学校变成一个更人道、更具同情心的地方。学习生物、文学和微积分与学习重要的人类价值并不相悖。相反，正如美国最伟大的教育哲学家约翰·杜威（John Dewey）在大约一个世纪前指出的那样，我们完全有理由相信个体间是相互促进增强的。

第二章 你们需要知道人作为社会性动物的一些事情

在我们深入研究学校惨案发生的原因及可能的对策之前，我们需要知道人类作为社会性动物的两个基本事实。我们需要知道的最重要的事情之一是：社会环境对个人行为发挥的巨大作用。人类是社会性动物，这是不言而喻的——我们深受他人及其对待我们的方式的影响，也深受所处环境中的普遍社会氛围的影响。举个例子，假如你在一家快餐店工作，如果你的老板是一个温暖、优雅的女士，对待你们非常公正，你的同事很友善，乐于助人并风趣得很，那么你将比在一个老板态度粗暴、敌对、跋扈，总是挑刺，而同事又总是冲你咆哮、叫你贬损性的绰号的环境里工作，更有机会感受快乐、轻松，并更可能友好地对待顾客。

第二章　你们需要知道人作为社会性动物的一些事情

这个事实太明显啦，要不是为了你需要知道的第二个基本事实的话，几乎都不值一提：具有讽刺意味的是，尽管我们每个人都深受社会环境的强烈影响，我们仍然低估了这种影响的程度，低估了它对决定人们行为的关键因素——人格——的影响。（在分析他人行为的成因时，我们仍习惯性低估情境的效力，高估个人品质的效力。）所以当我们一看到人们负面的或不友好的行为时，我们就倾向于认定行为是由某类人引起的，而不是由他们所处的某类环境引起的。有趣的是，我们在解释自己行为背后的原因时几乎总是非常大度——主要是因为我们每个人对所处环境的压力太熟悉了。举个例子，要是我超车挤到你前面，我知道这不是我平时的做派，而是因为情况特殊——可能我正赶去参加我女儿的足球赛，有点迟到了，而这足球赛对女儿很重要，我必须准时赶到。但要是你超车挤到我前面，我就会得出这样的结论：你是个鲁莽的、不替人考虑的笨蛋，所以你才会这么做。

让我再举个更详细的例子来说明人的这一重要本性。假设你停在一个路边餐厅买一杯咖啡和一个派。服务员来给你点餐，而你一时难以决定究竟要点哪一款派。你正犹豫着呢，服务员不耐烦地用笔敲打着小本子，抬眼看看天花板，又瞪你一眼。最后打断道："咳,你知道我可没有一整天的时间耗在这儿!"

对这事儿你会得出什么结论呢?面对这种情况,大部分人会认为服务员是个不友善的或令人不快的人;因而,他们不大会再次光顾这家餐厅——尤其在那个令人不快的人当班的时候。这当然是可以理解的。

但假设我向你提供更多的关于这个服务员的信息:她是一个单身母亲,她最小的孩子得了绝症,疼痛难忍,需要她整夜照顾。早上在她赶来上班的路上,车子又坏了,这让她非常担忧,不知道到哪里筹钱去修理。当她最终到达餐厅后,又获悉同事喝醉了不能来上班——这就意味着她得招呼两倍桌数的客人——而厨师又不停地冲她大叫,因为她没有以让他满意的速度递送菜单给他。如果知道了这所有的信息,你可能会要修正你的判断并得出结论:她并不一定是个不友善的人——只是一个承受着巨大压力的普通人。一个重要的事实是,在缺乏环境信息的时候,几乎所有人都常常会得出错误的结论,即行为完全是由人格中的缺陷所导致的。

社会心理学家李·罗斯(Lee Ross)和他的同事做了一个聪明的实验,揭示了我们在解释他人行为时是如何完全低估了

第二章 你们需要知道人作为社会性动物的一些事情

环境的影响力。罗斯及其同事将实验设置成"智力竞赛"的情景,像大多数问答竞赛一样,提问者和选手两人一组。提问者负责提问,选手负责回答。在实验开始前,通过抛硬币来决定两个人的角色。另外一名观察员观看两人的知识竞赛,并评估两人的知识和智力水平。假如你是观察者,你会看到什么?如果你观察得不是那么仔细,你可能会看到其中一个人非常聪明、富有学识,而另一个人是个笨蛋。

但请仔细看看,注意一下环境是如何决定参与者的行为的。提问者更易于根据他碰巧知道的只有内行才懂的某一特殊知识来提出相当难的问题。"巴布·鲁思(Babe Ruth)在哪一个垒球公园击出了他倒数第二个本垒打?""立陶宛的首都是哪里?"以及"托马斯·杰斐逊(Thomas Jefferson)是哪一天去世的?"提这样的问题,会让提问者看上去很聪明,而回答者却要回答这些事先没有准备的难题,很容易犯错,这使回答者看上去有点蠢。这就是罗斯和他同事的发现。观察者判断提问者的知识和智力水平高于回答者。然而,由于角色是随机分配的,所以绝不可能实验中的每一个提问者都比每一个回答者更有学识或更聪明。更有趣的是,观察者知道参与竞赛的双方的角色是随机的,因为他们看到了抛硬币的过程。但他们依然没有能够在对竞赛双方进行判断时考虑环境的作用力。他们掉进了将所见所闻归因于个体特质而不是环境限制的陷阱。

这一实验,以及其他诸如此类的实验说明,当在一个复杂环境中检验一个人行为背后的原因时,几乎大部分人都会急于得出结论,认为行为完全是由一个人的人格决定的。我们常常忽视了环境因素,这一事实对社会心理学家来说是很重要的,因为它对人类如何相互联系有着深刻的影响。

不正常环境下的正常人

有两个现象体现了人性中重要的方面:作为人类,我们深受所处社会环境的影响,但我们都低估了社会环境对我们周围人行为的影响力。让我从最近的历史中举两个可怕的例子来说明这个问题。

琼斯镇惨案(The Massacre at Jonestown)。1978年,当传教士吉姆·琼斯(Jim Jones)发出警报时,几乎所有圭亚那人民圣殿教的教徒都聚集到了他跟前。琼斯知道,在这一天凌晨,在他的指示下,他的心腹已经将几个国会调查团的人杀死了。他知道，琼斯镇的圣洁和与世隔绝很快就会遭到侵犯。琼斯宣称，与其屈服于这种侵犯，不如所有的信徒集体自尽。大桶大桶的毒药都准备好了，父母将致命的毒药喂给自己的孩子，他们自己也喝下，然后躺倒，手挽手，等待死亡。在这过程中只有零星的声音和反抗的行为。那一天有900多人死亡——要么是自己喝下毒药，要么是被父母灌下毒药。

天堂之门集体自杀（The Heaven's Gate Suicides）。1997年3月26日，在加利福尼亚圣塔菲农庄的豪华建筑里，警方发现有39人死亡，系集体自杀。他们就是鲜为人知的自称"天堂之门"的邪教的信徒，这个组织的创建者是个名叫马歇尔·赫夫·阿普尔怀特（Marshall Herff Applewhite）的人，他曾是一所社区学院的教授。每具尸体都干干净净地排列着，脚上穿着簇新的黑色耐克鞋，脸上盖着紫色裹尸布。邪教徒们欣然赴死，非常平静——根本没把这当作自杀。他们留下录像带详细描述了他们的信念和目的：他们相信，海尔-波普彗星——那时在西方的天空清晰可见——就是他们通向伊甸园开始新生活的门票。他们确信，紧随着彗星而来的是一艘巨大的宇宙飞船，其任务是将他们带到一个新的来世。为了搭上这艘宇宙飞船，他们首先要摆脱目前装载他们的"容器"。就是说，他们需要通过结束生命来离开自己的肉身。不用说，彗星之后根本就没有什么飞船。

我问你们一个严肃的问题：吉姆·琼斯和马歇尔·赫夫·阿普尔怀特的信徒都是什么样的人？你能说出他们的人格特征吗？如果你跟大多数人一样，你就会有一个现成的答案：几乎所有被我们问到这个问题的人都会快速地下一个这样的结论，即这些人的人格一定出了问题——他们不同寻常地易于被控制，有着不同寻常的薄弱意志，易受影响。也许他们疯了，毕竟谁会结束自己的性命或杀害自己的亲身骨肉呢？

这个结论也许是对的，然而现在没办法验证了。但说单单琼斯镇一下子就有900多人都那么极度脆弱、易于控制或精神失常；或说"天堂之门"的39名教徒中的每一个（没有一个不顺从）都如上所述，我是很难接受的。我宁愿相信这样一条经验法则，我称其为阿伦森第一定律（Aronson's First Law）：行疯狂之事者未必是疯子。有时，社会环境太有影响力，以至于绝大多数如你我般普通而正常的人会有奇怪的举动。

正如我所说，当我们处理类似琼斯镇和"天堂之门"的集体自杀事件时，绝不可能一开始就笃定这些人都很正常。也

第二章 你们需要知道人作为社会性动物的一些事情

许只有意志薄弱的人才会被诸如吉姆·琼斯和马歇尔·赫夫·阿普尔怀特这样有着超凡魅力的人吸引。正因如此,社会心理学家做了很多实验:试图通过科学地控制条件抓住复杂事件的本质,这样我们就能弄清楚究竟发生了什么。在这一领域,阿伦森第一定律最具戏剧性的一个例子是斯坦利·米尔格拉姆(Stanley Milgram)所做的关于服从的一系列经典实验。米尔格拉姆实验的漂亮之处在于,他并不以邪教领袖的追随者或被标签为不正常的意志薄弱的人为对象。实验的参与者都是随机挑选的,像你我这样的普通人。

在米尔格拉姆的实验中,被试是由实验人员通过一则调查人的学习和记忆的研究项目招聘被试的广告招募的。然而那只是一个幌子,事实上,这是一项研究人们服从权威程度的实验。

接下来我们描绘一下实验现场:当被试如约来到实验室后,他会被分配与另一个参与者搭档,然后会有一个一脸严肃的穿着白大褂的实验室人员过来,告知他们要测试惩罚对学习的作用。实验要求其中一名参与者扮演学习者,要记住一张单词表上的成组单词;而另一名参与者扮演教师,对学习者进行测验。被试和他的搭档通过抽签来决定所要扮演的角色。被试抽到的角色是教师。他被带领至一个看上去很复杂的贴着"**电击发生器**"的电子设备前,其仪表盘上有一排 30 个按钮,从最低的 15 伏电压(标着"**轻微电击**")到"**中等电击**"再到"**重度电击**",最后电压达到 450 伏(标着 **xxx**)。当学习者不能准确背出单词时,"教师"就按下电击的按钮,每错一次就增加一次电击的强度。

在接受指导之后,"教师"跟着实验室人员和学习者进入另一个房间,在这个房间里,学习者被绑在一个电椅上,上有电极与电击发生器相连。学习者表示自己心脏有点小问题,不过实验室人员一再跟他保证:"尽管电击会痛得厉害,但它不会对肌肉组织造成永久损伤。"

事实上,学习者知道自己无须担心,因为他和实验室人员是一伙的。抽签决定角色的过程是被操控的,只有他能够扮演学习者的角色,而真正的实验对象只有一个,就是那个扮演教师的被试。学习者也并没有真的被绑上电线。但"教师"却非常确信隔壁屋子里的学习者被他操作的电击发生器电到了。一切都很逼真。"教师"甚至被示范性地电了一次,这样他就完全相信仪器是正常的并且是通电的。在实验的过程中,他认为自己听到了学习者被弄痛而发出的叫声。"教师"并没有意识到他听到的只是一盘录音带,或学习者只是根据一张纸上的指示做出反应而已。这些事情一步步让"教师"对电击会造成极度的疼痛这件事深信不疑。

当实验开始后,学习者回答正确了几次,然后他开始犯错了。每犯一次错误,"教师"就会按下高一级的按钮,故意增加电击量。到了第五档的时候,电压达到了75伏,学习者开始发出哼哼和呻吟的声音。当电压达到150伏的时候,学习者要求退出实验。到180伏的时候,学习者因为忍受不了疼痛而大声喊叫。当电击的水平达到**"危险:最大电击"**时,"教师"听到学习者在撞墙,乞求放他出去。但这当然不是一个正确的答案,所以实验室人员指挥"教师"增加电量,给予更高级别的电击。

实验中的"教师"都是哪些人呢?他们都是随机选择的样本:居住在康涅狄格州纽黑文市及其附近的商人、专业人士、白领和蓝领工人。这些人当中有多大比例的人会持续给予电击直至最后呢?首先,我问你,你会持续多久?每年在我的社会心理学课上,我都会讲述米尔格拉姆实验的基本程序,然后提出上述问题。每年班上的240个学生中总有99%的学生认为,他们十分确定自己在学习者撞墙的时候就会住手。我学生的反应与米尔格拉姆对耶鲁医学院40名精神病专家的调查结果是一致的。精神病专家预计，大部分被试都会在电击达到150伏，即学习者第一次求饶的时候住手。这些精神病专家还预测，只有四成的被试将会继续对拒绝回答的对象进行电击（这时电压达到300伏），而只有不到一成的被试会实施最大级别的电击。

但在现实环境中，被试又是如何反应的呢？米尔格拉姆发现，在研究中，他的大部分被试——大约有64%——一直持续电击到最后。持续进行电击，并不是因为他们特别嗜虐或残忍。经米尔格拉姆比较，完全听话的被试和那些成功抵制了服从压力的被试，他们在一系列标准人格测试中的得分没有差异。听话的被试对受害者明显的困境也不是无动于衷。他们中也有人反抗，还有人出现冒汗、发抖、说话结结巴巴或其他紧张的症状，有的人还会突然发出紧张的笑声，但他们仍然继续服从到了实验最后。

这一行为并不只在康涅狄格州的美国男性身上存在。不论米尔格拉姆实验在哪里进行，都会出现相同程度的服从。比如，有几个复制实验表明，澳大利亚人、约旦人、西班牙人、德国人、荷兰人，他们的反应都差不多。同样，研究发现，在

第二章 你们需要知道人作为社会性动物的一些事情

这一方面,女性和男性一样听话。

我想再次强调这样一个事实,即实验中的这些被试并不知道,他们服从指令对待的人并没有被绑在电击装置上。他们非常确定自己对对方造成了很大的伤害。然而仍有三分之二的人遵照指示继续实施电击到最后。不管什么时候,当我向人描述这一实验时,他们的第一反应就是:那些实施电击的被试一定是疯了。他们的行为的确怪异,但这些被试真的发疯了吗?我可不这么认为。"发疯"这个词如果用在64%的被试身上,那它就完全失去所具有的含义了。

米尔格拉姆实验完美地展示了社会环境的巨大影响力。而当我在讲述这场实验的时候,听众的反应体现出一股强大的低估社会环境影响力的倾向,他们的第一反应是那些服从指令的被试都疯了。正如我早先时候所讲的,我们大部分人都倾向于通过给行为人贴上"疯子"、"嗜虐"等这样的标签来解释令人不快的行为,这样,就将那个人从我们这些"好人"中排除了出去。用这种方式,我们不需要担忧令人不快的行为,因为它跟我们这些"好人"无关。在科伦拜恩惨案之后几个月,乔安妮·雅克布斯(Joanne Jacobs),我最喜欢的社论作家之一,断言哈里斯和克里伯德并非出于愤怒或报复而杀人,他们杀人只是因为他们的本质是邪恶的。我很欣赏她的推理,但这样的推理会把我们带向何处?基于她的分析,我们怎么去预防未来可能出现的枪击案?在年轻人有所行动之前察觉到他们的邪恶,然后把他们从社会中驱逐出去?我不认为这可行,也不希望如此。

这类分析是有问题的,原因至少有以下两个。首先,它会使我们对自己抵抗消极环境压力的能力过度自信。如果我们相信所有令人反感的行为都是由恶人所为,那么它就会引出这样的判断,即我和我的朋友不可能被激怒去做任何坏事。让我们暂时回到米尔格拉姆服从实验的被试身上。实验中这些听话的"教师"都是邪恶的吗?有可能是。他们的行为肯定是残暴的——对权威的盲目服从使他们实施了明显致命的电击。但请注意,这些人占正常人口的64%。我和我的朋友就不会出现这样的服从行为了吗?有可能。但我不敢打赌。

第二,这种解释就像是烟雾弹,将我们的注意从尝试获得对人类复杂行为的理解中转移开来。仅仅用脆弱或邪恶来解释特殊的作恶者,我们就会忽视环境这一相关因素。然而,理解不同社会环境是如何导致不同的结果却又非常重要。只有这样,我们才有希望找到解决复杂社会问题的合理方法。

第二章　你们需要知道人作为社会性动物的一些事情

科伦拜恩惨案可以预测吗？

在本章一开始，我就给大家分享了关于人作为社会性动物的两个最基本的事实，请大家换一种方式来看待埃里克·哈里斯和迪伦·克里伯德的行为。我将他们的行为描述为病态的——在这里我再一次重申这个观点。普通人不会携带武器并杀害他们的同学。问题是：他们的行为是由内心深处的病态（疯狂或邪恶）引起的吗？如果他们已经疯了或邪恶了好多年，为什么他们身边的人没有注意到？还是他们所处的环境中有什么东西触发了他们的病态行为？我们可能永远都回答不了这个问题，但理解他们所处环境的力量可能会帮助我们找到一些方法，从而减少未来这类致命暴力的发生。

让我们看一看埃里克·哈里斯。在科伦拜恩，他被大家认为外表很糟糕，有点吓人，不是一个正常的家伙。他与别人合不来吗？呃，是的。他一直与人合不来吗？我认为不是的。将埃里克说成是一个"可怕"的人，这种描述让埃里克在纽约州普拉茨堡的同学感到惊讶。在搬去利特尔顿之前，埃里克住在普拉茨堡。在普拉茨堡，他受人喜爱，参加少年棒球联盟，跟一伙儿受欢迎的人出去玩儿。听上去这说的不是同一个人。我认为，意识到他是同一个人很重要——一个人发现自己处在一个新的完全不同的社会里，很难被新的同伴群体接受。不用说，这肯定不是在为他的行为辩解。尤其是，当一个青少年搬到一座新的城市时，他们适应新环境是有困难的，部分原因在于大多数高中的社会氛围并不是非常友好的。他们很痛苦，但他们不会采取极端行动。我提出这个问题不是为他们做辩解，而是尝试获得一定的理解——强调我所说的社会环境的变化对我们的思考方式、行为方式以及自我认知所产生的巨大影响。

有个令人感动的例子就是凯茜·伯纳尔（Cassie Bernall），她是科伦拜恩高中惨案中被杀害的一名学生。被广泛报道的是，她在中枪之前，声称坚定地信仰上帝。她临终前的这句话鼓励了她的父母写了一本书，讲述了他们和少女凯茜的生活。① 尽管在她去世的时候她是个可爱的女儿，但她并不总是这样。就在几年前，她看上去跟哈里斯和克里伯德很像，叛逆，无政府主义，涉足超自然的领域，秘密练习巫术。而且，她的家长报告说，他们在她的房间里发现了一些纸条，写满了

---

① 事实上，这件事有些争议。有些目击者认为是另一个学生说了这句话。

第二章 你们需要知道人作为社会性动物的一些事情

对他们的仇恨,并宣称要杀死他们。出于恐惧,她的父母将纸条交给了警察。警察说这是他们见过的最邪恶、最道德败坏的字条之一。那她的父母做了什么呢?他们对凯茜的环境进行了翻天覆地的改变,把她从公立学校转到基督教学校。起先她闷闷不乐、叛逆,但渐渐地,坚硬的、愤怒的那层外壳慢慢剥落,她开始变得越来越接受基督教学校更健康的环境。一段时间以后,她的父母确信真正的凯茜又回到了他们身边,他们对她有足够的信心了,才让她又回到公立学校。直到她被枪杀之前,他们对她的改变是非常满意的。

哪一个是真正的凯茜呢?是那个至死依然满怀强大宗教信仰的可爱的年轻人,还是那个对父母充满仇恨和杀气腾腾的想法的年轻人?凯茜·伯纳尔跟所有青少年一样,处在道德观的发展过程中,当下的社会环境在决定她最终选择什么道路方面扮演着重要的角色。那么埃里克·哈里斯和迪伦·克里伯德也一样吗?这种可能性当然值得仔细研究。

既然哈里斯和克里伯德的行为是病态的,那么问一问这种行为是否可以预测——就像预测龙卷风或洪水一样——合理吗?疾病控制和预防中心有一个专门研究暴力的部门。在这个部门工作的科学家善于根据特殊事件预测美国热点地区的暴力事件——就像最初在暴打罗德尼·金（Rodney King）的警察被宣判无罪时，洛杉矶中南部立即发生了骚乱和抢劫一样。但这些科学家却是首先承认不能预测科伦拜恩高中惨案以及其他最近发生的各种校园枪击案的人群之一。而且，这些科学家还建议，在这种环境下，不管家长怎样防范，教师如何警惕，都不可能事先知道枪手的意图。

让我澄清一点：我没有断言，对枪手埃里克·哈里斯和迪伦·克里伯德密切监视——包括搜查他们的卧室——不会向我们透露什么。我要建言的是，他们日常的公开的行为几乎不会让我们得出他们是危险分子的结论。他们在学校行为良好，能够完成作业，复习备考，成绩不错，等等。他们不是同学中的热门人物，但也不是真的孤立，他们有几个好朋友。事实上，在惨案之前一个周末的高中毕业舞会上，克里伯德是同女伴一起参加舞会的。哈里斯同他们一起参加了舞会，但他没有女伴。然后他们又一起参加了舞会后的聚会，和他们聚会的学生中，有些人即将因为他们而面临生命危险。

这也不是说哈里斯和克里伯德就是常见的、不惹麻烦的、典型的美国男孩。他们不是这样的。他们的学习成绩处于中上水平。但他们确实有自己的问题。比如，他们很显然不能跟班上绝大多数同学友好相处——尤其是学校运动队和某些"小集团"的成员。他们的同学把他们看作是"外人"。他们被贴上"哥特人"的标签，因为他们总是穿着黑色的衣服，不管什么天气都罩着军用雨衣，封闭自己。同学们经常嘲笑他们，蔑称他们为"同性恋"，尽管没有任何迹象表明他们是同性恋。他们还很喜欢玩暴力的电子游戏。而且，最近他们惹上了点官司，被指控撬了一辆汽车并偷了车上的电子设备，并因此受到了处罚。埃里克·哈里斯在惨案期间正在进行心理治疗，正在服用抗抑郁的药物。

这些特征是否就标志了他们是疯狂的或是潜在的杀手呢？我不这么认为。如果我们要保护我们的学校不受那些不受欢迎、奇装异服或爱打电子游戏的学生的袭击，那恐怕我们要防范的是绝大多数学生。如果我们认为凡是因为轻度抑郁而接受治疗的人都有可能是我们安全的潜在威胁，那我们就会为他们——同时也给我们自己——创设了一种噩梦般的环境。《时代》杂志最近报道在一所典型的高中里有20%的学生在服用抗抑郁及其他精神类药物。想想看吧。我们真要把成千上万正在接受抑郁症治疗的学生隔离出去吗？——抑郁可能正是由（或部分由）被孤立引发的。我认为不可以。而且，将哈里斯和克里伯德与其他大部分学生区别开来的特征使人相信，他们的杀人暴行不可能轻易被预测到。哈里斯确实经常去看心理医生，但这位心理医生，一位称职的专业人士，在看到枪击案的新闻后感到震惊、目瞪口呆。这样一位训练有素的治疗师，一位人类行为学家和病理学专家，显然能够进入哈里斯的内心世界，然而他也并不认为这个年轻人有公然施暴的倾向。

还有，在盗窃案之后，法庭指派监管哈里斯和克里伯德参加青少年犯罪改造项目的官员对他俩的未来抱有极大的热忱。在惨案前的三个月，他这样描述哈里斯："埃里克是个非常聪明的年轻人，极有可能取得成功。他足够聪明，只要不懈地追求和努力，就会实现伟大的目标。"对于克里伯德，这位官员这样说道："他非常聪明，能够实现任何梦想，但他要知道，实现梦想需要努力地工作。"

那么，这两人的家庭生活是怎样的呢？他们的家庭完整吗？他们的家长酗酒，不关心他们，忽视他们，虐待他们吗？都没有。两个男生都来自稳定、优裕的中产阶级家庭，父母双全。我们所能做的判断是，哈里斯夫妇和克里伯德夫妇都是模范市民，从各方面说，他们都比一般的父母好。表面上看不出有什么导致暴力行为的因素。最最惊人的是，在哈里斯和克里

第二章 你们需要知道人作为社会性动物的一些事情

伯德于惨案前几周拍摄的录像带中表现出的对父母的爱与关心。他们所懊悔和遗憾的不是他们将要屠杀那些同学,而是他们的行为注定将给父母的生活所带来的影响。"一旦我们这么做了,他们就会被打入地狱。"哈里斯说。然后他直接对着父母说:"你们对此无能为力。"克里伯德告诉他的父母,他们都是很棒的家长,并且特地为他们免除责任——哈里斯也是这样,他引用了莎士比亚《暴风雨》中的句子:"好的子宫孕育了坏的儿子。"

不要误会。我不是说对哈里斯和克里伯德在惨案之前几个月进行仔细审查不会发现他们暴行目的的证据。有大量的线索指向了他们的目的,但这些线索对诸如教师、同学、治疗师、假释官、邻居等普通的观察者而言是无法察觉的。但他们的家长难道不应该知道吗?呃,应该也不应该。如果他们的家长定期检查他们的卧室,他们就会发现武器和制造炸弹的装置。那么是否所有的家长都应该定期检查自己青少年子女的房间呢?这不是一个简单的问题。做青少年的家长不是一件简单的事。在科伦拜恩惨案之后,人们很容易给出非常肯定的回答。对大部分家长来说,事后声称他们会这么做确实是容易的。人们总是事后诸葛亮,以这种(错误的)方式说服自己应该按照新的信息所要求的方式行事。但我猜，在科伦拜恩之前，大部分家长的态度和我是一样的，那时我的孩子正在青春期：我要确定我的孩子没有麻烦，但我也想让他们保有一定的隐私。青少年在自己的卧室里会藏有一些虽然绝对清白，但如果家长去翻看的话，会让他们很尴尬（如浪漫的便条、手淫的痕迹、日记中古怪的词目等）的东西。因此，除非我有理由怀疑我的孩子在干什么危险的事情（比如吸毒），否则我不会搜查他们的房间。我们可能永远不会知道哈里斯夫妇和克里伯德夫妇是否有理由怀疑他们的孩子在做危险的事情。

但是还有另一条线索：人们也许会提出，假如当局严密监管埃里克·哈里斯在网络上怪异的咆哮，他们就会有所怀疑。事后责怪父母不够警惕，没有搜查孩子的房间，这是很容易的。事后表示，互联网上的胡话看上去明显泄露了真相。但在真正的杀戮之前，这些也只会被看作是一个不开心的青少年的夸大其词。实际上，最后发现警察也曾经接到举报称将有暴力事件发生，因为哈里斯在网上发表过这样的言论，但警察选择了不予理睬——显然把这个当作了没事干的自吹自擂（就像你我也可能会做的一样）给打发了。

重申一下，认识到科伦拜恩惨案之后的环境与之前的环境

第二章 你们需要知道人作为社会性动物的一些事情

非常不同是十分重要的。在这一点上,社会由于这一惨案而变得高度敏感,家长开始更加警惕(至少暂时是这样),而学校开始采取零容忍策略。这样,在过去几个月里学生如果说出随便什么威胁的话——1999年4月之前,青少年发出威胁要么被无视,要么遭到嘲笑——现在就会被学校开除,被逮捕,偶尔还会被起诉。学校现在除了严肃对待每一个威胁外几乎别无选择——但这却极大地破坏了学校的整体氛围。

同理,如果有人看到埃里克·哈里斯的全部私人日记,那么这个人就会对可能发生的灾难产生警惕。哈里斯有一本日记本,在日记中他较为详细地阐述了摧毁整个学校的计划。同样,如果有人彻底搜索他们的房间,也会发现详细记录他们计划的录影带。

这里,我要强调我的主要观点:有许多关于他们企图的线索(藏在他们的房间里,公布在网络上),但哈里斯和克里伯德日常生活的各个方面并没有表现出一些行为,让他们的父母、老师、学校管理人员或心理医生预感到他们将会有杀戮同学的行动。

这种情况决非绝无仅有。一个极其普通的人突然拿起枪进行扫射这样的事情非常典型。事后,总有人告诉你最近他的行为有点怪。"警报信号"在事后总是比事先要更响亮、更显眼。事后,总有人对没有注意到这些警报信号感到愧疚,或总有人指责那些原本应该注意到这些警报信号的人。事后,短时间内所有穿着怪异的孤僻的人都会受到仔细的盘查;家长、教师和学校管理层会仔细查看网络和其他媒体。事后,总有人希望逮捕和监禁那些随便发出威胁的阴郁的年轻人。这都是可以理解的。但幸运的是,这不断增加的监视不会持续很长时间,因为有太多无害的、无意义的警报信号了。事实上,这些用意良好的审查用错了地方。

预测这样的行为非常困难,我们没有一个人能非常擅长此事。缺乏这种预测能力常常让我们大多数人感到惊讶——我们已经习惯于像推理小说或电影一样,都会有一个很明显的坏人,而一旦坏人暴露,问题就解决了。真实的生活可没这么简单。但惨案不能被预测的事实并不意味着它不能被预防。想要预防,我们就不能将自己局限于对枪手思想的分析中。我们必须考察这两个枪手所处的更为宏大的社会环境。

第三章 应对灾难（一）：外围干预措施

世界上存在着大量的危险和灾难：致命的疾病、交通意外、地震、龙卷风、暴力犯罪、仇恨犯罪、吸毒、酗酒，如此等等。我们社会发展出了大量对付此类危险和灾难的策略。基本上这些策略可粗略地分为两类。一类直接指向问题的根源。我称它们为"根源干预"。另一类处理更多外围方面的问题。我称它们为"外围干预"。在这一章，我将对外围干预进行分析。

让我来给你举个例子，说明外围干预的概念。1854年，伦敦霍乱流行。大名鼎鼎的英国医师约翰·斯诺（John Snow）博士想要找出那些感染了霍乱的病人有什么共同点，如果他们有共同点的话，那他们与没有感染霍乱的人有什么区别。通过一些非常仔细的侦查工作，斯诺博士设法追踪这种传染病的源头，他最后追踪到了一口井附近，他猜测井水受到了污染。起初他并没有想寻找井水污染的原因以及霍乱是如何到了井里的，他也没有想去清洁水源，他甚至没有试图教育或劝说住在该地区的人们不要从那口井里取水饮用。他只是拿掉了井上水泵的手柄。这一简单的动作使这场瘟疫得到了彻底控制。

枪、枪、枪！

正如斯诺医生发现霍乱似乎是来自于一口井，我们来看下关于校园各种枪击案的普遍事实。考虑一下最近的事故——那些发生在过去两到三年间的事故——就会有一个事实跳入我们的眼帘：所有行凶者都使用枪支作为作案工具，因为它们很容易得到。这对于任何一个美国人而言并不奇怪。在我们国家，枪支无处不在，在我们许多公民的生活中扮演着重要的角色——而且，不幸的是，它是我们多数公民致命的主要原因。悲惨的是，青少年在获取枪支方面似乎没什么障碍。对生活在农村和郊区的青少年来说尤其如此：根据最近的民意调查，63%的农村和郊区青少年承认他们有一把枪，或者可以很方便地从家里拿到枪；而在城市青少年中，这一比例为32%。

第三章 应对灾难（一）：外围干预措施

全国来复枪协会（The National Rifle Association，NRA）很喜欢自己的标语——"枪不会杀人，但人会。"在某种意义上，他们是对的。但毫无疑问，家里面有枪，就增加了青少年使用枪支去射杀其他年轻人的可能性。现在让我们来做一个快速而生动的比较，我们看下加拿大边境两端的两个城市：华盛顿州的西雅图和英属哥伦比亚州的温哥华。在很多方面，它们是一对双胞胎：它们有同样的气候、人口和经济水平。它们的一般犯罪率和人身攻击率也几乎完全相同。生活在西雅图的人不会比住在温哥华的人更暴力。但它们有一个重要的差别：发生在西雅图的攻击比发生在温哥华的攻击更致命；西雅图的谋杀率是温哥华的两倍。这几乎可以肯定是因为温哥华对枪支有极其严厉的管制，但西雅图却没有。用一把枪杀人显然比用一把刀、一根棒球棍或拳头更容易。

社会学家戴恩·阿彻（Dane Archer）和他的同事考察了世界各国的犯罪情况，他们发现自杀率和枪支的可获得性呈高度正相关。比如，在英国，枪是被禁止的，英国的人口数是美国的四分之一，每年的自杀率只有美国的十六分之一。有了这些数据之后，阿彻让美国和其他十个国家的青少年阅读一个不完整的涉及人与人之间的冲突的故事，并让他们猜测冲突的结局。与其他国家的青少年相比，美国的青少年更加倾向于描绘一个暴力的结局。而且，这个结局很可能是致命的、枪击的、无情的。结论毋庸置疑：致命的暴行，尤其是枪支使用，构成了美国社会的重要部分。这就是为什么枪会成为青少年所期待和幻想的主角。

在这种感觉下，全国来复枪协会是对的：枪支并不是近来校园杀戮的根本原因。但是，如果说枪支易得在这些悲剧性事件中没有扮演主要角色，这种说法就太天真了。面对校园杀戮问题，我们能应用外围干预措施吗？

能，也不能。表面上，最简单、最直接、最彻底的外围干预方案将把枪支从我们社会中全部清除掉：拿掉了水泵手柄，就大量减少了污染水的饮用；拿掉了枪，就会大量减少校园以及其他地方的各种杀戮。不用说，这是不可能的。因为这意味着我们必须没收所有的枪支。但在美国，我们信奉个人自由，所以几乎所有人都会反对没收枪支，这没什么好惊讶的。

一个不那么极端，更为灵活的外围干预措施要求有照持枪，严禁青少年接触枪支。这不是一个彻底的解决方案，但它对促进校园安全来说肯定是迈出了一大步。尤其是，为了达到这一目标，国会将通过立法要求持枪者（像摩托车驾驶员一样）持有执照，要求持枪者使用枪锁或者所谓的"智能"手枪，禁止商店、枪展、个人向未成年人出售枪支，并且严格执行。不幸的是，即便在当前的政治气氛下，这种严格限定的法规也是极不可能实现的。在约翰·F·肯尼迪和马丁·路德·金遇刺之后，或科伦拜恩大量无辜学生被枪杀之后，总会有要求立法以控制枪支的呼声。但在一阵运动之后，国会会无一例外地逐渐撤退，提出的法案要么被搁置，要么遭遇失败。

这些事情让我的欧洲和亚洲的朋友感到震惊，因为他们国家对枪支的管制是非常严格的。让人大跌眼镜的还有，根据1999年5月的盖洛普（Gallup）民意调查结果，几乎所有美国民众都认为，普遍可得的枪支是我们这个国家最严重的问题之一，应该支持出台禁止向未成年人出售枪支的法律。事实上，根据此次民意调查，其至大部分持枪者现在都拥护立法以降低枪支的危害性，降低暴力分子、精神错乱的人，特别是年轻人得到枪支的可能性。

再说一遍，大部分美国人反对没收枪支但拥护枪支管制法的想法似乎是正确的。现在让我们来进行一番检视。在枪支问题上，站在问题两端的极端分子立场都很坚定。在一个极端，全国来复枪协会认为，差不多所有限制枪支使用的法律都是违宪的——违反宪法第二修正案,即拥有武器是每个公民应有的权利。全国来复枪协会针对每一限制使用枪支的尝试都会进行积极斗争,争辩说即使对部队攻击性武器的禁用或要求上枪锁都是一个狡猾的陷阱,都会导致进一步的限制。在另一个极端,一些倡导控制枪支的人争辩说,宪法的制定者并没有将拥有武器的权利扩展到所有公民,仅限于"纪律良好的民兵",这是宪法第二修正案具体条款的前言。考虑到合宪性,有趣又重要的是,大多数严谨的法学家都站在全体民众一边——声称对所有枪支的全面禁止是违宪的,从法律上讲,第二修正案关于人权的清楚陈述不能受限于所谓"纪律良好的民兵"之类的前言。同时,这些法学家也提到,几乎没有绝对的或不受限制的权利——包括拥有武器甚或是言论自由的权利在内。因此,对枪支进行合理的限制既是符合宪法的,又是非常重要的。

既然公众拥护对获得枪支进行合理的限制,那为什么国会仍不愿意通过即便是最简单、最温和的枪支管制法呢?据我们最精明的政治观察员看来,大多数立法者并没有根据自己对问题合理的判断来行动——却屈从于政治上的权宜。可悲的是,对大多数国会议员造成触动的不是最近的校园枪案,而是害怕

第三章　应对灾难（一）：外围干预措施

下一届的选举落选。全国来复枪协会是巨大的金主，众所周知，它已经投入上千万美元支持任何反对对枪支管制进行立法的国会议员的人参与选举。因此，看上去这个特殊的外围干预措施不适用于我们——至少最近这段时间不行。

仿佛是为了强调这一分析，1999年7月，当国会正在就枪支控制进行辩论的时候，丹佛地区有95名高中生——7名来自利特尔顿——飞到华盛顿想影响投票结果，但这注定是徒劳。尽管枪击案的幸存者在好友葬礼上的演讲非常感人——但他们的故事对国会议员几乎不起作用。在投票结束之后，学生们遇到他们所在州（科罗拉多州）的议员斯科特·麦金尼斯（Scott McInnis），问他为什么要反对一项旨在对在枪展上购买枪支的人进行简单背景调查的措施。在对学生们的热情进行了一番恭维之后，麦金尼斯回答说立法者需要确定他们没有剥夺守法公民的枪支。"我有权保护我自己。"他这样说。

不久后，有3名学生向记者谈起被枪指着的感受。其中一个人叫罗莎·查维斯（Rosa Chavez），她说这种经历让她对立法者的不作为感到愤怒。"他们说对我们的痛苦非常同情，这是一回事，"她说，"但被枪管指着，想着自己可能会马上死去，又是另一回事。"

金属探测器和保安

另一种外围干预措施是安装金属探测器以及雇佣保安在每所学校入口处监视进入学校的每个人。当我最近和一群高中生讨论这个问题的时候,他们的回应可以简单地归结为三个字:"真无聊!"这完全在我的意料之中。

但他们也许会渐渐习惯的。毕竟,曾有段时间,也就是不久前,机场也没有金属探测器和 X 射线机器。我记得大概 25 年前,我可以很随便地走到到达和离开的大门那里,口袋胀鼓鼓的,拖着体积庞大的行李,鬼知道里面装着什么,不需要通过什么仪器装置,也不会被搜身。我还记得可以毫不受阻地踱到飞机跑道上,迎接飞机上下来的朋友。突发的国际恐怖主义使这一切都结束了。25 年前,谁会相信金属探测器和 X 射线机器将会是我们生活中无处不在、完全被接受的东西呢?但现在绝大多数的旅行者都将其视为稀松平常的事。确实,考虑到一个政治狂热分子或一个疯子带着枪支或炸弹上飞机会造成巨大的破坏并使人丧命,我们大部分人还是要感谢这一小小的不便。在机场,金属探测器对防止枪支和炸药登机起到了出色的

第三章 应对灾难（一）：外围干预措施

外围干预功能。我们不需要去分析恐怖分子的政治牢骚或精神错乱的人精神错乱的原因。我们只需要一个好的金属探测器，这样我们的乘客就相对安全了。

嘿，如果机场的金属探测器被普遍接受了，并且非常有效地保护了乘客和飞机，那为什么不把它们安装到我们学校中去呢？这难道不是一个简单的解决办法吗？现在准备好，我要告诉你两个深刻的道理了：第一，学校不是机场；第二，学校并不都是一样的。

本质上，机场是个与个人无关的地方。我们没有要求机场是一个可以享受生活的地方，也没有指望在那里度过我们生命中最美好的时光——它只是一个我们会匆匆经过的地方，是通往其他地方的中转站。作为乘客，我们知道我们乘坐的飞机将要搭载来自不同国家有着各种日程的200多个陌生人。当我们读到一架飞机被劫持或在空中发生爆炸的消息时，它提醒我们，在3万英尺的高空，当我们遇到一个政治狂热分子的疯狂行为，或遇到一个挥舞着手枪的精神上有问题的人在半空中忽然决定要去巴黎而不是底特律这样的非理性行为时，我们所有人是多么的无助，这真是让我们害怕得浑身发抖。在这种情况下，我们大部分人对通过金属探测器就可以保护我们的生命感到太高兴了,以至于忽略了它带给我们的小小不便。

学校完全不一样。年轻人醒着的所有时间里,有一半是在学校或学校附近度过的。我们每个人都对学校的样貌怀有期待。教育家特德·赛泽(Ted Sizer)和南希·赛泽(Nancy Sizer)认为,成人在社会中做什么和不做什么都会向学校中的学生传递某种讯息——而学生则会迅速接收到这种讯息。比如,如果学校建筑是寒冷的、漏风的,窗户是破碎的,地板没有清扫,墙壁肮脏,油毡破裂,厕所漏水,那么学生们就会得到这样的讯息,即成人社会并不在意对他们的教育,在这里工作的老师也不优秀,否则也不会在这样一个"老鼠洞"里工作了。

学校和邻里不同。学校里的金属探测器就因为环境改变了,意义也就不同了。环境在确定意义时非常重要。比如,几个住在高犯罪率地区的青少年被访问时承认他们带枪上学——并声称他们这样做是为了保护自己。这很不幸,但在犯罪如此高发的地区,这样做并非不理性。如果你住在这样的地区,那些不喜欢你的同学都有枪,那么你肯定也会考虑带枪上学。在这样的环境下,在这些学校安装金属探测器对大多数学生来说有积极意义,因为它使携带枪支进入学校变得不可能也没有必要。大多数住在这种犯罪高发地区的青少年都声称，金属探测器使他们的学校成为该社区最安全的地方。事实上，在科伦拜恩惨案发生后不久，全国各地的学校都被暂时关闭了，生活在一些大城市高犯罪率社区的学生对此举措表示怀疑，因为他们知道，只有在自己学校里，他们才会感到相对安全。哥伦比亚广播公司与《纽约时报》于1999年10月进行的一项调查有力地支持了这些观点。调查显示，城市青少年表示只有在学校才会感到和郊区青少年一样安全。

所以，给每所学校装上金属探测器有什么问题呢？再说一遍，环境是最重要的。对某些社区有积极作用的举动可能会对其他社区起到相反的作用。在暴力盛行，甚至可能会致命的社区学校安装金属探测器会让学校变成一个安全的天堂。我猜测在那些安全的富裕的学校安装金属探测器会制造出一种氛围，让人认为学校有潜在的危险。进一步讲，在我们所有的学校都装上金属探测器无异于承认，从东岸到西岸，无论在小镇还是在大城市，在这个人类文明史上最民主的国家里，我们青少年的处境是如此危险，如此不可控，以至于我们需要采取极端措施来保护他们，防止他们彼此伤害。

最后，需要指出的是，安装金属探测器不会使学校变得固若金汤。如果愤愤不平的有枪的年轻人有杀害同学的动机,他们甚至不需要进入学校就能轻易地达到目的。比如,在阿肯色州的琼斯博罗,枪手故意触发学校的火警警报,引诱师生跑出教学大楼,然后埋伏在学校周围的大树后面开枪。

媒体中的暴力

观看媒体中的暴力是否会使我们变得更暴力?

另一个和最近每一起校园惨案的枪手相关联的因素是,他们都看了大量的电视节目,并都爱玩电子游戏。多年来,发展心理学家一直在研究电视对儿童和青少年社会化的影响。毫无疑问,青少年从电视中学习了很多东西。毫无疑问,电视里充斥着暴力。根据最近的研究,58%的电视节目都有暴力内容——而其中78%的节目对暴力并没有表示出懊悔、批评或惩罚。事实上,电视上看到的40%的暴力事件是由扮演英雄或其他对青少年有吸引力的楷模们实施的。在最近有关电视暴力的国会听证会上,相关人员估计平均每个美国男孩到上七年级的时候会在电视上观看超过10万次的暴力行为。

孩子究竟从电视暴力中学到了什么呢？大约半个世纪前，心理学家艾伯特·班杜拉（Albert Bandura）和他的同事进行了一系列的经典实验，以探究年少的孩子是否从对成人榜样的观察中学会了攻击行为。这些研究的基本程序是让一个孩子观察一名成人敲打一个塑料的充气波波玩偶（一种被击倒后还会弹起的玩偶）。有时候，成人在攻击玩偶时还会对其进行辱骂。短时间以后，孩子们被允许跟这个玩偶玩耍。在这些实验里，孩子们不仅模仿成人的攻击行为，他们还加进了其他自己创造出的攻击行为。儿童不单单是复制成人的行为。观看攻击行为对孩子们来说是一种刺激，使他们产生自己的更具有创造力的攻击行为。为什么这些实验被看得如此重要呢？为什么要在乎那个波波玩偶会怎样呢？让我们更详细地看一看。

许多研究都试图判断观看电视里成人的暴力行为是否会对年幼儿童的攻击性有影响，而且这种影响是否会持续到他们的青春期。在一项经典研究中：（1）青少年被要求回忆起他们孩童时看过的电视，以及观看的频率；（2）根据暴力程度对这些电视剧进行分级；（3）由这些青少年的老师和同学对这些青少年的攻击性进行分级。研究的主要结论是：儿童观看的电视越暴力，长大后他们越具有攻击性。

但在评估这类研究时需要格外小心。这些结论表面上是有说服力的,但网络高管们会迅速指出这类研究并没证明观看大量的电视暴力真的会让儿童成长为暴力的青少年。当然,网络高管们对这个问题并非完全没有偏见。不管怎么说,我得承认他们的观点很好。作为一名科学家,我只知道两个因素相关并不意味着一个是导致另一个的原因。在科学上,有一句口号提醒我们注意:相关性不等于因果关系。毕竟,攻击性强的儿童可能天性喜爱暴力或他们很早从父母那里或从邻居孩子那里习得了暴力。因为他们有喜好暴力的倾向,他们就会喜欢看电视中的暴力,以及比一般的孩子有更多的暴力行为。所以,看电视暴力并不一定会导致暴力行为,观看电视暴力只是许多暴力倾向所带来的副产品之一。

为了确定观看电视暴力是否会引发攻击行为,我们必须做一项控制严格的实验。我们不让人们去回忆自己看电视的习惯,我们也不仅仅依赖相关性。我们将召集一组年轻人,通过抛硬币的方式让其中一半人观看暴力电视,另一半人观看非暴力电视。之后我们立即测量这些经历对攻击行为的影响。因为我们是随机分组,因此我们能够非常确定,在实验前,其中一组人绝不比另一组人更暴力。这样,我们就可以非常自信地得出结论：在看完暴力电视节目之后攻击行为的增加就是由于观看了暴力电视节目。

社会心理学家多次进行了这样的实验。来自实验的压倒性的证据表明，观看暴力确实会增加儿童攻击行为发生的频率。让我给你们举个例子。在这个实验中，研究人员让一组儿童观看一部流行的警匪连续剧中极其暴力的一集，而控制组的儿童观看一场很好看却不暴力的体育赛事，两组儿童观看电视的时间是相等的。然后所有的孩子都到另一个房间和一群那天什么电视都没看的孩子玩耍。结果发现那些观看暴力警匪剧的孩子比那些观看体育赛事的孩子对同伴表现出了更强的攻击性。

你可能会认为，观看暴力电视并不以同样的方式影响所有的年轻人。然而如果孩子恰好感到害怕、沮丧或在某一时刻焦虑不安，观看暴力电视就会把他推向边缘，会使其比在愉悦、放松的情况下更可能产生暴力反应。同理，观看电视里的暴力对那些长期沮丧或不开心的人或一开始就有暴力倾向的人影响最大。假设你要求教师为班上的每个学生的暴力程度打分，然后给一半的学生观看暴力电影，而另一半学生观看体育赛事。然后安排他们参加地板曲棍球比赛并输掉比赛。那么会发生什么呢？实验结果很明显：观看暴力电影会增加学生在比赛过程中攻击行为的次数——主要是那些已被教师评为具有很高攻击性的学生。这些年轻人用棍子击打、用胳膊肘顶撞他们的对手,并冲着对手喊叫恶意的侮辱性的言语,其程度比那些看了暴力电影却没有被评为具有攻击性的孩子或那些被评为具有攻击性却没有观看暴力电影的孩子强烈得多。观看媒体里的暴力似乎给了那些具有攻击性的孩子以许可,同意他们表达已有的攻击性倾向。

以此类推,近期的研究显示,那些在暴力电子游戏上花费了大量时间的年轻人,如果在游戏中输给其他年轻人,会对对手表现出最大程度的攻击性。

电视暴力的麻木效果

如果我们看了大量的电视暴力,是否会让我们不把暴力当回事儿?有大量研究显示,不断看到痛苦的或不愉快的事件会使我们对这些事件的敏感性降低。在一个实验中,研究者测试了几个年轻人在观看非常粗暴和血腥的拳击赛时的心理反应。那些每天看大量电视的年轻人对赛场上的伤残表现得相对冷漠——也就是说,他们几乎没有表现出兴奋、焦虑或类似的心理反应。他们对暴力提不起兴趣。另一方面,那些几乎不看电视的人却表现出了强烈的生理冲动。暴力真的影响了他们。

我们会从这些研究中得出什么结论呢？

研究结论很明显：尽管有媒体高管的抗议，但是电影、电视以及电子游戏中的暴力确实会严重影响儿童和青少年的行为和感情。但再说一遍，重要的是我们不要被带跑了。说观看电视暴力导致了科伦拜恩高中发生致命暴行，这样的结论是错误的。几百万的孩子在电视里观看大量的暴力节目，但并没有枪杀他们的同学。但是如果我们认为电视暴力不是一个促成因素——尤其是观看这些电视的年轻人正处于崩溃、愤怒或暴力的边缘的时候——那就太天真了。

那么如何实施这种外围干预措施呢？从法律上讲，这是一件棘手的事情。国会在通过法律限制第一修正案中规定的广播公司、电影制片人和电子游戏设计者的权利时非常犹豫，这是可以理解的。而且，即使这一立法通过了，法庭几乎也可以认定其违宪。在这种情况下，我发现我自己是站在国会和法庭这一边的。我并不乐意连看什么娱乐节目都要被规定好了。国会能做的是给娱乐业施加压力，对他们进行一定的约束，让他们自我监督，并建立一套有用的分级体系，这样家长可以对子女所观看的节目保持合理的警戒性。如果广播公司和电影制片人屈从于这种压力,这就是朝正确的方向迈出了一小步。

外围干预措施总结

所有这些水泵手柄式的外围干预措施都有某种长处。如果年轻人不那么容易得到枪,那么学校发生惨案的频率肯定会有所降低。如果所有的学校都安装了金属探测器,走廊里和操场上都有保安巡逻,那么校园内外肯定会少一些杀戮(尽管这会使学生付出巨大的心理代价)。如果我们能够发现一条合理的途径鼓励电影、电视、电子游戏的制造商极力减少暴力内容,那么我肯定这将会对年轻人的行为产生有益的影响。我们没理由不能理智而敏感地应用这些外围干预措施。为劝说国会通过合理的枪支控制法,这一问题双方的极端分子都必须后退一步。一方的极端分子必须接受这样的事实,即我们从不要消灭所有的枪支;另一方的极端分子必须接受,我们必须通过法律来要求给枪支上锁,以防枪支落入儿童手中。安装金属探测器和增设保安,在有些社区是有效的——但在另一些社区它们带来的危害要大于好处。每个社区都要对它的风险和需求仔细评估,然后以理性的方式进行决策。最后，鉴于政府的媒体审查制度受到诟病，媒体如果能够管束自己，并决定大幅减少向我们的青少年输送的暴力内容，这对我们的社会将是大有好处的。

诚然外围干预措施可能是有用的，在最后的分析中我们也看出了它们的不足：它们没有涉及问题的核心。对于成百万的青少年而言，初中和高中是个充满压力的地方——大部分压力都是不必要的。只有一小部分学生对压力的回应是将其致命地反击到他们的同学身上，但不快乐的、焦虑的和沮丧到要自杀的学生的数量远远超出大部分家长意识的水平。

枪手都是处于青春期的男生

在结束这一章之前，我需要指出，所有的学校惨案至少有一个相同点：所有的案犯都是青春期的男生——这一点相当明显。我说"明显"是因为：（1）枪击都发生在初中和高中校园或校园附近——这些都是青少年喜欢的地方；（2）尽管女生完全有能力进行口头攻击、身体暴力甚至谋杀，但女生从没实施过大规模杀戮。那么，处于青春期的男生有什么特别的呢？

众所周知，青春期是身体生长和性成熟的时期——这是一个身体和荷尔蒙发生巨大而快速得令人难以置信的变化的时期。但这些变化在男生和女生身上发生的方式是不同的。青春期女生经历着雌激素的急剧分泌，胸部开始发育，阴毛开始生长，开始来月经。青春期男生经历着睾丸素的冲击，开始长胡须和阴毛，声音发生变化，睾丸和阴茎明显增大，并开始射精。当我说青春期男生被睾丸素"冲击"时，并没有夸大：青春期男生的睾丸素水平是小男孩的18倍。（而女生青春期雌激素水平与儿童期相比，差距要小得多。）睾丸素不仅是与性相关的激素，更是与攻击性相关的激素，一个具体表现是，监狱中因暴力犯罪被关押的犯人的睾丸素水平要明显高于非暴力犯罪的犯人。

无论是对男生还是对女生来说，是否被同伴接纳在青春期会变得越来越重要——甚至极其重要。正是因为有着强烈被接纳的愿望，他们总是试图穿一样的衣服，一窝蜂地去纹身和穿刺，对音乐、电影、食品等保持相同的品味。被拒斥总是很伤人的，但对这个特殊阶段的人来讲，被拒斥会使得他们尤其痛苦。尽管我们家长总是轻视青少年的阴谋，认为这"不过是要经历的一个阶段"，我们仍需要记住，压力是巨大的，伤痛是真实的。对我们的孩子来说，青春期不单单是他们生命的一个阶段，青春期是他们的生活。1999年，每5个青少年中就有1个认真考虑过自杀，每10个青少年中就有1个曾尝试过自杀。

一名正在青春期的美国男生，还要背负在荣誉文化中成长的额外负担。美国青少年男生的楷模是粗鲁、强硬、擅长武器和拳击而不是智慧的英雄。如果你是一个处于青春期的男生，你就会认同约翰·韦恩（John Wayne）、阿诺德·施瓦辛格（Arnold Schwartzenegger）或克林特·伊斯特伍德（Clint Eastwood）这些人，而不是伍迪·艾伦（Woody Allen）。如果你碰巧长得瘦小，不会打架，你就会发现自己陷入了霍布森斯（Hobsons）的是打还是逃的境地。

如果你拿起几乎任何一本青少年心理学教科书，你都会在书中发现一段类似凯瑟琳·伯杰（Kathleen Berger）优秀著作中的论述内容。这段论述是一张照片下面的一段说明，照片上几个大个子男生正在推搡一个小个子男生：

> 这个瘦小的男孩被一伙吵吵嚷嚷的高个子男生围在中间不知所措，看起来他成了他们的目标……与他同龄的身材相仿的男生大部分已经羞耻地逃向了图书馆和自己的藏身处。

换句话讲，作者，一个青少年问题专家，准确地将青春期描述为一段遭受语言和身体侵犯、欺凌和羞辱的时期。我完全同意伯杰博士的描述。事实上，在下面的章节中，您将会看到我就是伯杰所刻画的瘦小男孩中的一个。我将会提出一个问题：瘦小的孩子是不是会不可避免地遭到羞辱？我认为不是。我们可以采取特殊的行动来改变羞辱的、拒绝的以及"羞耻地逃向图书馆"的氛围。但在我们开始之前，我们必须超越外围的解决方法。我们必须确保我们了解问题的根源。为此，我们必须翻到下一章。

第四章　应对灾难（二）：
　　　　根源干预措施的重要性

约翰·斯诺博士将水泵手柄从井边拿开就制止了1854年的伦敦霍乱，但他并没有就此止步，躺在功劳簿上。他意识到还要更进一步——弄清楚井水最初是如何被污染的，以此来了解重要的信息。最后，他终于发现，是附近公厕的排泄物在某一时刻渗入到了井中。他由此推论，似乎全英国（以及世界大部分地区）的公厕都与饮水的水源靠得如此之近，排泄物当然容易渗入到饮用水中，从而引发霍乱和其他严重的疾病——这些疾病可能没那么厉害，因而不像霍乱那样容易被检测到。由于发现了污染的根源，他才能够鼓动改革建筑法规，敦促改革的实施。这成功地预防了未来霍乱的爆发，同时普遍改善了千百万人民的健康和福利条件。

在这里我们要吸取一个重要的教训。第三章我们讨论了安装金属探测器是减少校园杀戮的一种办法。这种严厉的办法要付出极大的心理代价,但却相当有效。如果我们想做的只有这些,那么我们可以把它装上,然后坐回去,这多少会让我们放松些。发生在学校中的惨案会减少,这一点我十分确定。

但是,我们学校中发生这样不顾后果的惨案的根源显然不是没有安装金属探测器。拿霍乱的例子作类比是很恰当的。对斯诺博士来说,拿走水泵手柄之后的发现才是关键;对我们来说,关键是找到是什么导致了这些惨案。显而易见,最近学校枪击案的主要根源是学校的氛围,即忽视或暗中纵容大量学生所遭遇到的嘲笑、拒绝以及辱骂。一所学校,如果看不到换位思考、宽容和同情的价值——或者,甚至更糟,对这些价值只是口头敷衍而没有具体、有效的促进行动——就会制造出一种氛围,不仅仅使那些"输家"(losers)感到不快,同时也很快地改变了那些所谓的"赢家"(winners)。

惨案之后,媒体以最令人不快的方式来描绘科伦拜恩高中。媒体对它的指控是,学校的社会氛围极其令人不快。人们认为学校对那些主宰学校的运动员学生有所偏爱,因而这所学校的欺凌和嘲弄比其他学校更普遍,但学校管理层却容忍了。

第四章 应对灾难（二）：根源干预措施的重要性

科伦拜恩的校长、几位老师以及一些学生对这样的描述感到不安，这是可以理解的，他们坚持科伦拜恩与大多数美国学校没什么两样。我能理解他们的不安，并且对此深表同情。我也赞同他们的坚持，我猜科伦拜恩在这方面不会比其他绝大多数学校更坏。

具有讽刺意味的是，学生们为了捍卫自己，反对这样的指控，发表了声明，而这些声明恰好支持了我的观点：大多数"小集团"成员认为嘲弄集团外的学生是合理的行为。比如，在哈里斯和克里伯德的录像带公开之后，科伦拜恩高中足球队的一名队员这样说道：

> 科伦拜恩是一个非常干净的地方，但不适合那些被嫌弃的家伙。大部分学生都不想他们待在科伦拜恩。他们迷上了巫术，迷上了伏都教。我们是嘲笑他们了，但你能期待这些留着奇怪的发型、戴着有角的帽子的孩子到学校来干嘛呢？不仅仅是我们这些运动员，全校的人都厌恶他们。他们是同性恋，摸人的私处。如果你想要除掉某人，通常的办法就是嘲笑他们。因此学校的人都会称呼他们为同性恋，如果他们做了令人恶心的事情，我们就会跟他们说："你真有病，你这样做是错的。"

换句话说,哈里斯和克里伯德被看成是"失败者",因而"成功者"就把中伤和嘲笑他们当作是正当的行为。这段话还暗示,哈里斯和克里伯德是仅有的两个被嘲笑的人,但我不信。很难相信在一个嘲讽如此容易发生的学校氛围下,哈里斯和克里伯德是唯一的受攻击目标。这名学生的话传递了这样的信息,即拒绝、叫绰号和嘲讽是高中生活经历的重要内容。我同意。

还有一层含义是,任何着装、发型或行为举止与众不同的学生,都会被那些更守成规的学生的厌恶,就活该被取笑、嘲弄和拒绝。这一点我不同意。我们可以做得更好。我们能够发现一种教育方式,教会学生给予和自己不一样的同学更多的同情和宽容,我们甚至能教会学生欣赏这些差异,快乐而兴奋地体验这些差异,而不是让这些差异成为引发攻击和拒绝的自动触发器。

不幸的是,考虑到当前大多数高中普遍的氛围,几乎没有青少年能够免于这样的社会压力。我的个人经历使我了解这些压力。毕竟我也曾是名高中生。尽管我对高中的许多记忆是积极的,但有些最深刻的记忆却非常痛苦。凯瑟琳·伯杰所著的书中有一张摄于高中的照片,当我读到照片下的一段文字说明

第四章 应对灾难（二）：根源干预措施的重要性

时，痛苦的记忆历历在目——这张照片我在上一章已经进行了描绘。正如你们所记得的，这段文字说明是这样的：

> 这个瘦小的男孩被一伙吵吵嚷嚷的高个子男生围在中间不知所措，看起来他成了他们的目标……与他同龄的身材相仿的男生大部分已经羞耻地逃向了图书馆和自己的藏身处。

我16岁时，有5英尺10英寸高，却只有120磅重，总是浑身湿漉漉的。我是那些漫画书封皮后面"海滩上的瘦子"这类广告的形象代言人。你们知道那些广告的：高大、强壮的肌肉男永远会把沙子踢到瘦弱男生的脸上，然后将他的女朋友抢走。但是接下来（在下一格漫画中），瘦弱男生被送到了查尔斯·阿特拉斯（Charles Atlas）的形体课上，几个月之后他就扭转了局势，把那些欺凌他的人统统打倒在地。我从没有被送去上那样的课，但我曾差点成功地在汤米·福斯特（Tommy Foster）面前扭转了局面。

汤米·福斯特并不特别聪明，也没什么吸引力——但他十分受欢迎；他是我们高中足球队的中卫。他跟我差不多高——但跟消防栓一样壮实——非常强硬。他看上去就像是血液中翻涌着格外多的肾上腺素。他横行在校园里，趾高气扬，嘴角挂着一丝冷笑。不知道为什么，他不喜欢我，而且他根本没想解释。汤米是个寡言的人。他表达憎恶的方式是在体育课的间歇将篮球扔到我的后脑勺上，或者当我在食堂排队的时候很用力地从后面撞我。当我气恼地回头看时，他露齿而笑，并且冲我吼道："想干吗？你丫放学后想跟我出去谈谈吗？"我知道，他可不是想跟我进行一场友好的交谈。我常常会徒劳地想通过对此开个玩笑以在后退时挽回点颜面。我知道，这是一个不可能获胜的局面。从青春期熬过来的任何一个男人都可以证明，不应战是不可能不丢脸的。

有一天，当我们走班的时候，我恰巧和一个非常漂亮的女生走在一起，我试图给她留下深刻的印象。这时汤米用肩膀从我们中间把我顶开，朝女生挤挤眼睛，砰一声将我推到墙上，然后跑开。女生停了下来，张着嘴巴茫然不知所措。她脸上的表情似乎在说："你怎么可以让他这样对你？你究竟是个什么样的男人？"透过她的眼睛，我看到了自己所处的形势，忽然恼羞成怒。想都不想，我大叫着汤米·福斯特的名字，奋力向他扑过去。他转过身时，我已扑到他面前。我压低肩膀，顶住他的肚子。我们扭在一起，有两次滚作一团，而我竟然奇迹般

第四章 应对灾难（二）：根源干预措施的重要性

地压在了他的身上。

我很想向大家报告这忽然得来的胜利——就像查尔斯·阿特拉斯广告上说的芦柴棒们获得的胜利。但这样的胜利恐怕也只存在于广告中。事实上，我把汤米撞倒在地是惊愕产生的作用——大概有五秒左右的时间。在那个小小的空隙，我成功躲过了汤米漂亮的一拳。但接下来我就被他一把抓住了汗衫的领口，并被像个破玩偶似的推了起来。然后他一屁股坐在我胸口上，左手仍然紧紧抓住我的汗衫，右拳狠狠地捶我的脸，捶了三四下。

在其他人插手前，我的脸上已满是鲜血了。身上痛得厉害，但和我在后来几个月里所体验到的羞耻感相比，这种痛简直微不足道。作为一个挨过汤米·福斯特揍的孩子，我开始出名了。有些孩子嘲笑我，另一些人在和我讲话的时候一脸假笑。而大多数人都跟我保持了距离，好像我是一个受人蔑视的人。

接下来的几周，我幻想着怎样变得高大、强壮，拳击更加熟练，能够跟汤米干一架，并且在所有孩子充满敬意的围观下打胜这一架。在我的白日梦中，他们把我架上肩膀庆祝胜利，而我成了学校里的英雄。但现实却残酷得多。我只是每天继续上学，试着把这件事甩在身后，离汤米·福斯特远远的。

那件事已经过去50年了，但至今仍然历历在目。没人会喜欢欺凌者这一常识也许有几分道理。但在我的经验中，我的同学似乎更喜欢跟汤米这样的欺凌者一起出去消遣——只要他不欺负他们就行！似乎只有被欺凌者受到其他学生的嘲讽和蔑视。

不幸的是，高中的社会氛围在过去50年里并未改变多少。以青少年研究为专长的发展心理学家告诉我们，我的经历并非绝无仅有。欺凌、嘲讽、排挤、贬低、冷笑和嘲笑都是司空见惯的。初中和高中的氛围普遍如此——至少对男生们来说是这样。

这就引出了几个有趣的问题。第一，为什么？为什么男生间会如此对待彼此呢？这对成为一个男人很关键吗？这是生物本能吗？这与睾丸素的激增有关吗？还是归因于某种形式的社会学习呢？我们能改变它吗？我的高中能否制定一些政策来让我和其他所有人都拥有一段更愉快的经历呢？

小集团盛行

高中常常是由小集团控制的，这些小集团内部有严格的等

第四章 应对灾难（二）：根源干预措施的重要性

级：运动员、啦啦队队长和社团领袖们在最高级，害羞的、笨拙的或举止怪异的孩子处在底层，而在最底层的是很孤单的孩子——那些似乎没有一个朋友的孩子。

三座城市的故事

仔细看看不同地区几所高中的社会氛围，看看它们是否有相似之处，这会有教育意义。幸运的是，这些数据我们已经有了。在科伦拜恩惨案之后的几个月里，《时代》杂志访问了中部地区的一所学校，圣路易斯校区的韦伯斯特·格罗夫斯高中（Webster Groves High School）。《时代》杂志选择这所学校是因为这所学校所处的地区代表美国最合乎规范的价值观和态度。具体来说，编辑们是这样谈论为什么要选择韦伯斯特·格罗夫斯高中的：

如果市场专员和社会学家们想要了解全国的气温，他们会出于同样的理由偏爱选择密苏里州，尤其是圣路易斯周边地区，它们是大众社区里的典范，不超前，也不滞后，而是走在全国的中间，走在路的中间，走在天空的中间。

科伦拜恩惨案之后两周,《纽约时报》派出了一名记者前去调查位于亚利桑那州斯科茨代尔的一所高中的氛围。几乎同时,在我的家乡加州的圣克鲁兹,当地报纸也派出了明星记者采访这一地区的高中生,以了解当前学校所盛行的氛围。这三所学校的学生解决问题的方式惊人地相似。

韦伯斯特·格罗夫斯高中的学生深刻地认识到他们的社交生活是以各"部落"为基础的。在这一金字塔的顶层是运动健将(校队运动员)和"小圈子"。小圈子的成员是那些从六年级开始就成为好朋友的学生,他们广泛参与学生会、戏剧社以及其他倍受瞩目的活动。其他学生称这两类人"占据了学校"。在他们之下是那些"懂技术的讨厌鬼"和所谓的"中间"人群。处于这一社会等级底层的是"教会台阶上的邋遢鬼",这些人在放学后相约到附近的教会去,站在教会的台阶上抽烟。更普遍的情况是,在韦伯斯特·格罗夫斯高中,学生要想得到最高的社交分,要么运动能力强,要么很有钱。如果长相怪异,或对潮流不关心,就会被排挤出社交圈,在社交上得分最低。

让我们往西边看,有人发现亚利桑那州斯科茨代尔的矮橡林高中有着几乎一样的社会等级。该高中的社会等级非常清晰，就像是被精心设计过的一样，实际上完全不是被设计过的。它只是学生结群的方式。不管怎样，结群是明显的，并且是不容侵犯的。午餐时，运动员和他们的朋友占据了户外最中心的那张桌子。那张桌子后面是一些野餐桌，由地位稍低一些的学生占据着。这些学生里有啦啦队队长、穿着整洁讲究的富家子弟，以及学生会的成员。

"如果你不认识他们，你就不敢贸然走过去坐下来，"劳伦·巴斯（Lauren Barth），一个二年级的啦啦队队长这样说，"但如果你一旦加入他们，那些女孩子们每一个人真的都对你很好。在我当啦啦队队长时，就好像我就应该坐在那里似的。"

在矮橡林高中，当你将视线从有声望的户外餐桌挪到室内大堂，你立刻就会注意到有很多学生戴着眼镜和牙套，发型也似乎从没刻意设计过。这些学生显然没什么社会地位。这些就是常常被其他学生称为书呆子的人。再下层的学生甚至连固定的座位都没有。他们常常在楼上吃饭或独自在图书馆外面吃饭，或在四处徘徊的时候把午饭解决掉。当经过那些更受欢迎的学生们坐着的地方时，他们总会低下头。

让我们继续朝西,到沿海小镇加州的圣克鲁兹,学生们毫不费劲就能叫出小群体的名字,并且知道他们班上的同学都加入了哪些团体。按重要性的等级降序排列的话,依次是运动员、富家子弟、冲浪运动员、流浪者、书呆子、哥特族和邋遢鬼。除了前两个地方的学校没有冲浪运动员(因为他们没有靠着海!),这三个地方学校的小集团是多么一致啊!在受访中,圣克鲁兹的许多学生承认高中是个名副其实的战场。处于底层的人报告说,每天早晨醒来以及在去学校的路上,他们都会极度焦虑,不知道会不会被叫绰号、被推搡以及被泼洒巧克力牛奶。去餐厅的时候,他们不知道哪里可坐。从痛苦的经验中他们得知有些桌子不欢迎他们。一些人希望看到一张友好的脸或听到一句温暖的招呼,但这种期待总是落空。"很多人独自待在角落里,戴着耳机挡住嘲讽,抱膝而坐。"

准确地讲,一个学生所在小集团的社会等级决定了他或她的压力水平和快乐程度。而且,根据倡导社会责任感的教育家卡罗尔·米勒·利伯(Carol Miller Lieber)的观点,那些将自己看作是被"胜利者"团体排斥在外的学生对学校的看法比那些小圈子里的学生的看法要消极得多。最重要的是,正如利伯所言:"胜利者的圈子比我们所想的要小多了,对那些失败

第四章 应对灾难（二）：根源干预措施的重要性

者来说，他们的高中生活经历完全不同。他们成为了那看不见的中间层的一部分，默默地承受痛苦、疏远，与其他人没有任何真正的联系。"

对这三所典型的中产阶级高中的分析可以毫不费力地扩展到其他地方。在科伦拜恩惨案之后不久，一项网络调查揭示了全国青少年所表达的某些强烈的情感。他们中大多数人都描述了被自己那些活跃的同班同学拒绝和嘲笑后的糟糕感觉。很多人猜测哈里斯和克里伯德一定也有同样被拒绝和排斥的经历（在哈里斯和克里伯德的录像带被曝光的一个月前），这样的猜测很正确。这些青少年无一人容忍枪杀行为，但他们在网络上的贴子却十分惊人地显示出了对哈里斯和克里伯德所遭受的痛苦的理解和同情。

一则典型的网络贴子是由一名16岁的女孩写的，她说："我知道他们的感受。家长们要知道，当一个孩子说没人接受他时不总是在夸大其词。并且，所有受欢迎的循规蹈矩的人都应该要学会接受每个人。他们为什么要避开所有跟自己不同的人呢？"

有学生写道："就像在我们学校，那些穿着考究的学生认为他们就是一切。人们总是不停地因为差异而相互攻击。"

有人写道:"看起来与别人不一样造成的伤害很大,但我已经学会克服它,然后继续前行。我想,如果我们没有小集团或者至少其他人不要这么看不起与众不同的人,那就不会有问题。"

一名17岁的学生写道:"嘿,他们(哈里斯和克里伯德)说他们之所以这么做是因为他们不断地遭到嘲笑,我能理解他们所遭遇的那个环境。我认为欺凌者对他们所做的都是错的,但一个人却只能默默承受这些折磨。"

也许在网上发贴子的学生只占高中生人数中很小很小的比例——也许这小小的占比不值得担心。或许他们都是些怪异的家伙,至少有一位校长(第一章中描述的)敦促他的"正常"的学生将这些人作为潜在的枪手鉴别出来。但正如卡罗尔·米勒·利伯的研究报告所总结的,这些学生所表达的愤怒既不少见,也不奇怪。它代表着这个国家每天生活在压力之下的很大一部分青少年深刻而持久的情感。

心理学家詹姆斯·加巴里诺(James Garbarino)对青少年暴力进行了专门研究,他得出了同样的结论,即有一部分青少年处在一种持续的内部冲突中。尽管大部分青少年像蒲公英一样,只要给一半机会他们就会挣扎生存,但一些人会更像兰花。据加巴里诺所言,这些年轻人在儿童期长得很好,那时他们还很小,父母满怀爱意地养育着他们,但当他们长大后遭遇到同伴竞争、欺凌和拒绝时,尤其是在大的、没有人情味的高中,他们常常就"枯萎"了。他的研究显示,这些敏感的孩子大多数在儿童早期发展得好,一旦进入青春期,有50%会面临严重的问题。

像哈里斯和克里伯德这样采取极端行为的人是罕见的,但许多青少年都幻想寻找一种办法(尽管不那么暴力)来报复使他们遭受痛苦的人。这些幻想的存在能够解释为什么诸如《书呆子复仇记》(Revenge of the Nerds)、《我的保镖》(My Bodyguard)以及《回到未来》(Back to the Future)这样的电影在青少年中特别流行——每一部电影的主题都是关于被践踏的高中生的崛起。在这些电影中,复仇行动的性质相对良性——肯定不是致命的。

但有几部其他的复仇电影在过去二十年间知名度非常高——是像《魔女嘉莉》(Carrie)、《魔女嘉莉2:邪气逼人》(Carrie 2)和《希德姐妹帮》(Heathers)这类复仇杀人的电影。把学校暴力归咎于好莱坞是时髦的。毫无疑问,暴力电影对观影者确有影响,但观看电影本身并不会导致暴力行为。暴力行为的发生还应伴有其他的刺激。

在我写这本书的时候,我又从网络电影库里找到《希德姐妹帮》(1989年拍摄)看了一遍,纠正我的记忆。网站上只有一则影评,是一个常看电影的人写的。它直接说出了我正在阐述的观点,这个观点在某种意义上甚至与电影本身无关:

这部电影改变了我。我第一次观看此片是在1995年。我曾是活跃群体中的一份子,我恨这个群体,因为她们所做的无非是拿不如自己的人取乐。我现在仍然憎恨这个群体。观看这部影片正当其时。它给我动力忘掉那些该死的家庭作业帮的朋友,并且去寻找一些真正的朋友。我没把她们杀死并伪装成自杀或其他什么,我只是退出了。今年我终于斥责了她们。那些傻瓜竟然没有意识到她们伤害了谁以及她们在干什么。总之,我能完全理解这部电影,希德姐妹帮无处不在。在这个活跃团体中有个姑娘确实就叫希德。她们都是势利小人,这部影片给我这样的人以希望,外面还是有好人的,只是需要鼓起勇气去寻找,即使他们就在你的面前。这可能说不通,但我要每个青少年都来看一看这部片子。我不知道成年人是否能理解它，因为我还不是成年人。但如果你看了这部电影，我真的确定你会发生改变的。

在看了哈里斯和克里伯德的录像带之后，利特尔顿警局的一名调查员倾向于强调一点——录像带有一部分暗示他们渴望在行动之后获得名声：两个杀人犯花了几分钟时间猜测谁可能导演以此惨案为题材的电影。毫无疑问，想要获得点名声（或是臭名昭著）是两个枪手的想法。但显然名声只是第二动因。他们的主要动因，在录像带里一而再、再而三强调的，是实施报复——不单单报复那些给他们造成痛苦和羞辱他们的学生，还包括在场的每一个人。"我们将要开启一场革命，"哈里斯说，"一场被剥夺者的革命。"录像带里说得明明白白，他俩最后决定自杀。这从一开始就是计划的一部分。他们可能是想过要出名，但他们并不以出名为目的，也没有打算享受这个名声。

有趣的是，哈里斯和克里伯德因为感到羞耻而要报复的欲望和成年杀人犯的主要动机有惊人的一致性。詹姆斯·吉利根（James Gilligan），马萨诸塞州监狱系统精神病中心主任，与大量男性杀人犯近距离打了十年交道。多年的经验使他确信，所有杀人犯显然都因受到羞辱和拒绝而产生了相同的羞耻感。据吉利根所言，他们的暴行是力图将这种羞耻感替换成自豪感，是力图从暴行对象那里获取曾被拒绝给予的尊重。吉利根的分析（在科伦拜恩惨案之前几年出版的）可怕地得到了哈里斯和克里伯德留下的录像带的证实："最终这将为我们赢得我们理应得到的尊重，是不是很好玩？"哈里斯问道，手里抓着那把准备射向同班同学的短管霰弹枪。

外围干预的谬误

全副武装的警卫和金属探测器可能会减少我们校园里各种枪击案的数量，但它们不会降低造成枪击案的根源问题的重要性。它们不会将学校变成那些感受到排挤、拒绝和羞辱的学生的乐土。将那些被排斥伤得最深的年轻人挑出来——通过让其他学生指认，或强迫实施某一人格测试——并不能解决问题。事实上，把这些学生挑出来很容易加剧根源问题，因为它提升了这些学生所受排挤的水平。而且，人格测试也并不像大众想象的那样准确或精确。用这样的测试鉴别问题青少年，毫无疑

第四章 应对灾难（二）：根源干预措施的重要性

问会将目标扩大到那些根本没有问题的青少年身上，同时还存在漏检的风险，不能发现有严重问题的人。

但即使人格测试百分之百准确，它仍是一种错误的解决问题的方式。联邦调查局对近期校园枪击案的一项分析显示，许多学校的反应过头了，在新的零容忍政策下，这些学校搜查问题少年，将有轻微违规行为的学生停学。联邦调查局通过分析指出：大多数向自己同学开枪的学生并不是不能适应环境的孤独的人。大多数人学习很好，也没有被学校当局识别为问题学生。

联邦调查局编制了一个清单，上面列有 50 个危险因素，酒精、烟草和武器局开发了一套计算机软件，以帮助学校鉴别出潜在的学生杀手。但所有这些措施关注的重点是搜查学校枪手，以防他们再次制造校园惨案，这就模糊了一个事实，即这些杀戮都发生在校园里。年轻的杀人犯并没有残杀他们的邻居，也没有在电子游戏厅里开枪。他们是在学校或学校附近杀害他们的同班同学和老师，或者开枪自杀。从表面来看，寻找个人病理的根源这种方法是合理的，但它触及不到问题的根本。那种使这些年轻人如此绝望、毒辣、冷漠无情的学校氛围究竟是什么？为什么他们要通过枪杀同学来寻求报复或一种扭曲的荣耀？他们是以什么方式感受到了被拒绝、被忽视、被羞辱或者被不公平地对待？学校是否在发展学生智力的同时尽力发展了他们的性格呢？学校能否在创建全纳的、关怀的集体时做得更好，并且为学生树立积极学习的榜样？

学校中如果有很大比例的学生由于被排挤和疏远而苦不堪言，那么学校就没有尽到责任。即便一次枪击案也没有发生，这也是很成问题的。枪击案是悲惨的，当然需要防范，但同时，枪击使我们认识到潜藏的问题。通过寻找潜藏问题的解决办法，我们不仅可以成功地使我们的学校更安全，还可以使我们的学校成为更快乐、更人性的地方。在接下来的两章中，我们将探讨一些策略，以找到问题的根源，并使我们学校的氛围发生真正的改变。

第五章　根源干预措施（一）：
　　　　难道大家就不能和睦相处吗？

当一个人体验到他自己、他的思想和感情与他人分离时，这是一种意识的视觉错觉。这种错觉是个监狱，将我们限制在个人的欲望中，以及对最亲近之人的爱之中。我们的任务是必须通过扩大我们的同情范围来将自己从这个监狱中解放出来，去拥抱所有生物和美丽的大自然。没有人能够完全完成这一任务，但为此不懈奋斗本身就是解放的一部分，也是我们内在安全感的基础。

——艾伯特·爱因斯坦（Albert Einstein）

许多学习发生在学校里。其中有一些学习是学术性的，但大部分却是隐性的。所谓"隐性的"是指种种并非由他人教授却依然习得了的事物。那么年轻人在学校操场、餐厅和走廊上闲逛时都学到了哪些社会经验教训呢?不幸的是,许多人学到的是世界是一个艰难的、不友好的地方。许多人学到的是,丛林法则盛行,强权即公理,他们只能依靠自己,不能指望成人来帮助他们解决个人问题。许多人学到的是,他们是没有吸引力的、不受欢迎的人,别人不希望跟他们在一起。

当我们十几岁的孩子放学回到家里,为跟同学之间的问题而感到焦虑忧愁时,我们通常会耸耸肩,并告诉自己:"高中就是这样的。"可是,正如我前面所指出的,对十几岁的孩子来说,高中不单单是生活的一个过渡阶段:它是他们正在过的生活!这也是一座青少年学习如何与人交往的生活实验室。但令人悲伤的是有太多青少年在高中过得不开心,因为他们受到了排斥和嘲笑,感到孤单。他们变得焦虑和抑郁,他们的学校功课遭了殃,他们的自信大幅跌落。少部分人还做出恐怖的事情来。在这些青少年中,极度不快乐、抑郁、认真考虑自杀的人数还不少。最近来自政府的数据令人毛骨悚然:这些数据显示,1999 年,每 5 个青少年学生中就有 1 个认真考虑过自杀问题,每 10 个人中就有 1 个尝试过自杀。这个数据比 1950 年的时候增长了约 400%。如果家长们认为这些不快乐是小事,或者将之归因于作为一个青少年不可避免的经历的话,那就大错特错了。这不是小事,这也不是不可避免的。

我们学校中普遍存在的排挤的社会风气能改变吗?年轻人能够被教会对其他人表示同情和好感吗?他们能够被教会以某种特殊的方式与不同的人一起快乐而有益地生活而不是排挤、贬低、羞辱他们吗?正如罗德尼·金(Rodney King)曾经悲叹道:"难道大家就不能和睦相处吗?"

众所周知,在最好的情况下,学校可以教学生掌握从莎士比亚到微积分等各个学科。不幸的是,大多数家长和一些学校管理人员都认为,教授基础的学术性技能是学校唯一的任务。我认为这个观念是缺乏远见的。我们的学校能够并且也应该在帮助学生发展情感控制能力方面发挥与其在帮助学生掌握学术能力方面一样重要的作用。一所学校的社会氛围对促进或阻碍学生发展与人交往的技能有很大的影响。学校能够创造一种学习的环境,不仅能防止暴力,而且还要能教育年轻人,使之具有成熟的情感和较高的情绪智能。我相信这不仅是一个有价值的目标,而且对年轻人的全面发展也至关重要。

此外,这么做还有额外的好处,那就是这样的教育具有市场价值,这一点越来越明显。大多数公司正在寻找的员工,不仅要精通某一特定的学术技能，而且要有能力与各司其职的同事组成一个合作的团队和谐地工作，表现出主动性和责任感，并能有效地沟通。企业花费数百万美元举办研习会，教导团队合作和包容多样性，是因为他们意识到，这不仅在政治上是正确的，创造了一种快乐的工作环境，而且也有利于公司的最终获益。

什么是情绪智能？

我们都知道智力或智商是什么意思。高智商的人具有广博而深刻的一般知识，同时具有解决各种数学和语言问题的能力。这些人学习速度很快，并且在考试和智力竞赛中表现优异。但我们说的"情绪智能"是什么意思呢？社会心理学家丹尼尔·戈尔曼（Daniel Goleman）给情绪智能下的定义是：情绪智能是一个人能够意识到自己的情感并能控制住自己情感的能力。它涉及在与人相处时的自制和同情心的培养，激励自己的能力，以及积极持久工作的能力。

我明白在实践中情绪智能的含义是什么。我在大学里执教了40多年。从我刚开始教书起，我的学生中始终只有很少一

第五章 根源干预措施（一）：难道大家就不能和睦相处吗？

部分人是令人开心的。他们渴望学习、勤奋用功、参与课堂讨论，提有趣又有思想的问题。在讨论小组中他们是合作的，乐意助人。他们很专注地倾听同学发言，认真回答同学们的问题。如果他们考试成绩不理想，他们会到我办公室来，询问哪里错了，怎样才能改进。而另一个极端的学生几乎完全缺乏这些能力。他们不能形成有效的合作小组，他们对于分配的任务牢骚不断，找借口，愤愤不平。这些学生中有些是非常聪明的，但很难相处，不讨人喜欢。他们只是缺乏顺利完成作业和与人和谐相处共同努力所需要的能力。

发展心理学家霍华德·加德纳（Howard Gardner）进一步定义了情绪智能的概念，他说，情绪智能的重要性可能比我们传统上赋予智商的还要高。加德纳还认为有两种类型的智能可以归在情绪智能的名下。这两种智能一个被称为内省智能（intrapersonal intelligence）——一种理解自己的才能；另一个被称为人际智能（interpersonal intelligence）——一种与人友好相处的才能。这两种智能被加德纳认为是重要的生活技能。加德纳说："许多智商160的人为智商100的人服务，是因为前者的内省智能很低，而后者的却很高。在日常世界中，没有任何一种智能能够与人际智能相匹敌。如果你没有这种智能，你就会在婚姻对象的选择、工作机会的把握等上面出问题。我们需要在学校里就训练儿童的人际智能。"

我所搜集到的所有证据都表明,哈里斯和克里伯德拥有超出平均水平的学术性智商,但他们缺乏情绪智能。他们所留下的录像带显示他们对每一次遭受的轻视,对每一次受到的攻击都愤恨不满,还显示了他们所谓的义愤是如何产生的,并如何催使他们对同学心怀愤怒的。是谁的错?这不是一种非此即彼的情形:是的,几乎可以肯定他们受到了卑鄙的对待;是的,他们不具备理性处理这种遭遇的能力。不幸的是,青少年几乎都不具备这种能力。

情绪智能有多重要?

让我们简要看一下测试情绪智能关键部分的研究,即对年幼的孩子抵制诱惑、延迟满足的能力的研究。在20世纪60年代初,社会心理学家沃尔特·米歇尔(Walter Mischel)设计了一个简单而巧妙的实验来测试这种能力。在这一经典实验中,米歇尔将4岁的孩子依次逐个带到一个房间,让他坐在一张桌子旁。桌子上放着一颗棉花糖。米歇尔告诉这个孩子,他

第五章 根源干预措施（一）：难道大家就不能和睦相处吗？

可以马上就把糖吃掉，或者，如果他能等一会儿，那么他会得到两颗糖。然后米歇尔离开了房间，让孩子等上 15 到 20 分钟。你应该可以想象，这对 4 岁的孩子来说是一项艰难的任务。独自在房间里待着，除了盯着那颗糖看外，没有其他事情可以做，这时吃掉糖的诱惑是巨大的。确实，这种诱惑对三分之一的孩子而言实在太大了。他们遏制不住要去抓糖吃。有三分之二的孩子设法做到了延迟满足以得到更大的回报。一些人能在这 15 到 20 分钟时间里设法分散注意力，他们或者捂住眼睛，唱歌给自己听、发明游戏，或使用其他转换注意力的策略。即使是 4 岁的孩子，也已经具备了控制马上把糖吃掉的这种冲动的能力。

现在，到了我认为的这场实验最有趣的部分：12 年之后，米歇尔和他的同事再次研究了当年的这些被试，他们发现在那些能够延迟满足的孩子和那些不能延迟满足的孩子之间有非常显著的差异。总的来说，到 16 岁时，这些在 4 岁时就能延迟满足的孩子与不能延迟满足的孩子相比会更自信，更胸有成竹，更值得信任，更可靠，更愿意主动投入任务中，面对失望或困难时不易崩溃。到 16 岁时，他们仍能延迟即时的满足，将注意力放在长远的目标上。在 4 岁时马上吃掉棉花糖的孩子更容易自我感觉糟糕、陷入困境、顽固、犹豫不决、易发脾气、嫉妒、怨恨、沮丧不安、由于压力而止步不前。

与这种能力相对应的基因有可能存在,但显然延迟满足主要是后天习得的。我之所以这么说是因为研究已经指出某些强有力的环境因素决定了哪些4岁儿童能够发展出这种能力。其中一个重要的因素是,这个孩子是否有年龄相当的兄弟姐妹。两三岁的儿童如果有个婴儿妹妹或弟弟的话,他们就不会总是想得到什么就得到什么。因此,到4岁的时候,他们就已经练习了大量的等待。这一推测已被证实,有研究显示双胞胎和三胞胎易于发展最高水平的延迟满足的能力。

从青少年的角度来看哈里斯和克里伯德的行为,我猜想他们都是那些在4岁时等不及要吃掉棉花糖的孩子。尽管他们在学术领域非常聪慧,但他们却无法承受高中社交生活里的明枪暗箭。为什么呢?可能他们在气质上属于我前面描述过的"兰花"型的脆弱孩子。又或者,可能和其他大多数男孩一样,他们感受到的压力和我十几岁时想报复汤米·福斯特时所感受到的压力是一样的,那种要够得上男子气概的文化理想的压力。

第五章　根源干预措施（一）：难道大家就不能和睦相处吗？

男孩守则

和其他父母一样，我明白男孩和女孩是不同的。我也知道这种区别在儿童早期就出现了。随便把一个娃娃给一个小男孩，他会将它想象成一件武器或一辆汽车；随便把一辆玩具车给一个小女孩，她会用毯子把它包起来，并搂到自己的臂弯里。发展心理学家在基因或社会学习在多大程度上影响这类行为方面可能持不同意见，但他们都认可这类行为本身。女孩子在情绪智能上的得分似乎比男生更高，这有什么好奇怪的呢？许多研究发现女性比男性更容易移情，更能读出他人的情感。到上小学的时候，女生的情感表达能力会增强，而男生会减弱。相反，男生擅长砌一面牢固的情感之墙，淡化脆弱、内疚、害怕和受伤这类情感。

在生命初期，男女生在这方面差距并不大，意识到这点很重要。事实上，有证据显示男婴比女婴有更多的情感表达。心理学家威廉·波拉克（William Pollack）说过，父母、学校、社会甚至在男孩还在婴儿期的时候就开始训练他们回避情绪智能。所有人都无意识地共谋灌输波拉克所说的"男孩守则"，一套不成文的男性行为指南：

1."坚强的橡树"。男孩应该坚忍克己，从不示弱。正如一个男孩解释说："如果有人用拳猛击你的脸，那么你最好只是笑笑，仿佛一点也不痛。绝不能哭，也什么都不要说。"

2."给他们点厉害瞧瞧"。富有男子汉气概的电影角色和体育教练鼓励年轻男性要表现得强硬、勇于在风险性领域展开较量。男人通过在较量中取胜从而获得在同伴中的地位。

3."大转盘"。获取优势、地位和权力，戴上冷酷的面具，即使一切并不好也要假装一切都好，这些命令促使男人努力推动自己去获得建树，去抑制自己不适当的情感。

4."别娘娘腔"。如果男生表现出女性化或感情脆弱，就会受到奚落和嘲笑。男性唯一被社会接受的情感表达就是愤怒。

男孩们从家里、电视上、操场上、学校里吸收这些指令，而且似乎很怕破坏它们。"真正的男孩是不哭的"、"别娘娘腔"、"不要哭哭啼啼"、"要像个男人"以及"要坚强"这样的表达强化了男孩子们心目中的男子汉的形象。结果如波拉克所言，男人们"只有半个自我，即那个英雄的自我"，他们被剥夺了体验完整情感生活的机会。

所有人都说，哈里斯和克里伯德（和所有近期的少年杀手一样）最终遵循了"男孩守则"。他们"像男人般"忍受了嘲笑和羞辱，做出的回应不是眼泪而是愤怒。他们在公开场合保持冷静，从不向父母、老师，甚至治疗师（哈里斯的）坦陈羞耻和痛苦的感受。最后，他们"给了点厉害给他们瞧瞧"了。实际上，在这两个受误导的年轻人眼中，对复仇和尊严的渴望比性命还要重要。

这是一个令人悲伤的剧情再现。当其他学校枪击案的新闻通过电波传来时，有一点我们至少不会感到惊讶，即扣动扳机的是个男人。暴力主要是男人的问题，不仅是青春期的男生，也包括成年男性。最近美国司法部的一项分析揭示，男性实施的暴力犯罪的数量是女性的6倍，而且暴力程度更严重。这种差异的含义是令人震惊的：10岁及以上的男生中每9人里有1个会实施暴力犯罪，而相比之下，10岁及以上的女性中每56个里才有1个实施暴力犯罪。暴力行为的根源肯定主要在社会，而发生在学校的暴力事件是学校要解决并且最后还要预防的问题。

为什么这是学校的问题?

我们对学校要求太多了吗?最近家长们和政客们都在敦促学校培养能通过标准化水平考试的受过更好教育的学生。他们向教师施压,要求教师关注基础,忘掉不实用的东西。关键问题是:不实用的东西指的是什么?我关心的问题是,制定政策的人热衷于关注基础,可能就看不到学校的社会氛围对年轻人的生活有多重要。青少年在学校的归属感是保护他们远离极端情绪困扰、毒品滥用和暴力的重要因素。事实上,年轻的男性一旦意识到他们与家庭或与女友或与学校重要的社会关系正在消失,就容易变得暴力。

心理学家詹姆斯·加巴里诺,研究男青年犯罪的那一位,指出在学校杀人的那些男生仍然关心着学校。这不仅是一个足以令人动容的发现,还是一条重要的线索。杀人的男生并不是脱离学校(身体或情感上)、加入了黑帮或进过监狱的男生。相反,他们恰恰是想和学校建立联系的学生。我想强调这一明显的事实是很重要的:只有像科伦拜恩枪击案这样的悲剧才能唤起我们关注能将学校充满压力的社会氛围转变成更具包容性

第五章 根源干预措施（一）：难道大家就不能和睦相处吗？

的社会氛围的方式，这是不幸的。

这是一个不合理的目标吗？我不这么想。让我们看看抑郁的问题——这是埃里克·哈里斯在惨案发生前正在治疗的疾病。正如我们看到的，抑郁是青少年普遍的问题。精神病专家和心理学家都非常擅长治疗这种病。但为什么要等到东西坏了再修补而不是提前做好保护呢？学校在预防抑郁方面扮演着重要的角色。

俄勒冈州高中的管理人员越来越担心，因为他们的学生中已有25%显示出早期抑郁的症状，所以他们发起了一个特别的项目，旨在发展情绪智能的某些方面，他们认为这将有助于解决抑郁问题。他们随机将75名处于危机中的学生安置到一门特殊的课程中，这门课程会在平常放学后定期进行。这门课程仅仅由8节一小时的课组成，着重于帮助学生学习与家长和同伴更好相处的策略。结果是令人振奋的。有一半以上的学生从中度抑郁中恢复，而没有参加这个课程的抑郁症学生只有四分之一的人情况有所好转。一年以后，参与这个预防抑郁项目的学生中，只有14%的人变成重度抑郁，而没参加这个项目的学生中有25%的人重度抑郁。这个项目让我感到兴奋的地方在于，就这么一个小型的干预（只有8节课）却产生了非常显著的长期效果，使那些最终有可能完全抑郁的人数减少了将近一半。

这样我们就知道了,相对简单的项目能有助于防止脆弱的学生陷入严重的抑郁中。这个目标本身很有价值,但它不是学校关注学生情绪智能的唯一动机。它展现了学习情绪智能的策略不仅有益于学生的精神健康,还有益于学校达成学术成就——学校的底线目标。不管你怎么看待它,高情绪智能意味着高的学术成就。那些棉花糖孩子是一个很重要的例子。米歇尔和他的同事回过头第三次研究了这些年轻人,这时他们快高中毕业了。那些在4岁时就具备了延迟满足能力的孩子到18岁时在学术上更有能力。他们更渴望学习,推理、组织和表达思想的能力更强。他们的学业能力倾向测验成绩也非常高(均分为210分!),远远高于那些行事冲动、即刻吃掉棉花糖的孩子。值得一提的是,延迟满足的能力与智商没有关联。实际上,用孩子们在棉花糖测试中的表现预测学业能力倾向测验分数的准确性是用智商预测的2倍。其他研究也显示了情商与智商具有质的差别,情商能更好地预测学生在学校里的成功。

积极减少欺凌和嘲讽

被科伦拜恩惨案唤醒,许多学校实施了对武器、毒品甚至

第五章　根源干预措施（一）：难道大家就不能和睦相处吗？

是打架的零容忍政策。在我看来，学校对减少或消除欺凌、嘲讽和攻击行为应采取同样严厉的举措。我很惊讶，我们竟然容许孩子成为口头暴力的受害者，而成人都不会允许这些口头暴力在自己的工作场合发生。事实上，在许多情况下，成人如果遭受了这样的攻击，不仅会对施害者提起诉讼，还会对允许这种不能容忍的工作环境存在的雇主提起诉讼。

为什么成人的工作环境与青少年的学习环境，在所能容忍的事上会有这样的区别呢？我猜是，公众默认嘲笑和欺凌是成长的一部分，是儿童和青少年必须学会忍受和应对的发展挑战。但欺凌的后果却是非常严重的。许多成人（包括我在内）都遭受过在学校被欺负的情感创伤。我虽然能从这种经历中走出来，但在当时，欺凌却让我很受伤，即使50年过去了依然刻骨铭心。我当然不希望我的孙辈也经历这样的压力。我禁不住想，学校在预防这类环境上还可以多做些。这样做不仅对我有益，对汤米·福斯特也有益。研究发现欺凌者的结局往往比受欺凌者更糟糕。我不知道汤米·福斯特后来怎么样了。我希望他没有受到伤害，但社会氛围明显对他是不利的。研究显示，不论他在高中获得了什么样的高高在上的愉悦感，这种愉悦感都不会伴随他至成年后。随着时间的推移，欺凌者会变得更加满怀恶意,朋友们长大后也不再支持和崇拜他们了,他们还会不时陷入很大的麻烦中。一项研究发现,到 24 岁的时候,那些在小学就欺负人的男孩子们有三分之二会犯至少一项重罪。在初中欺凌别人的男孩子们中有三分之一会犯下三种及以上的罪案,常常是暴力犯罪并且已经坐过牢。所以,如果在学校中允许学生欺负别人,就类似于训练这些攻击性强的孩子走向犯罪。

但我们可以改变这一切。调查和制止欺凌行为的引人注目的努力几乎遍及挪威全国。它始于挪威政府对 3 名年轻的欺凌受害者自杀事件的关注。亨利的例子很典型,不过他没有自杀成功:

平常,亨利的同班同学都叫他"虫子",折断他的铅笔,将他的书本扔到地上,在他回答问题的时候嘲笑他。最终有一天,几个男生把他拉到厕所,把他的脸摁在小便池里。那天放学后他企图自杀。当他的家长发现他的时候,他已经失去了意识,这时他们才知道他受到了虐待。

应政府邀请,心理学家丹·奥维斯(Dan Olweus)调查了

第五章 根源干预措施（一）：难道大家就不能和睦相处吗？

挪威9万名学生。奥维斯得出的结论是，欺凌很严重，并且存在面很广。在一些学校中，大约有17%的学生报告不断受到欺凌者的侵扰。他还发现，教师和家长几乎不知道所发生的欺凌事件，而且即便他们知道，他们也没有采取任何措施。

挪威政府发起了一项三个层面的运动，以改变每所学校滋生欺凌者和受害者的社会动态。首先，举行全社区范围的会议宣讲欺凌问题，分发给家长小册子，详细描述受害者的症状。对教师进行针对性的培训，从而使教师可以识别和处理欺凌问题。给学生观看录像带，以唤起学生对欺凌受害者的共情和关心。

在第二个层面，由班级讨论预防欺凌的方法以及与被孤立的和孤独的学生交朋友的方法。由教师组织小组合作学习，经常调换座位以阻止叫绰号及其他会恶化为欺凌的攻击行为。由校长保证餐厅、厕所和操场等场所受到足够的监管。

如果在这些预防措施之下还会发生欺凌的话，那么就要采取第三类措施。对欺凌者及其父母进行密集的咨询治疗，有时还需要将欺凌者转到其他班级或学校，同时还要帮助被欺凌者提高社交技能和学术能力。

在这场行动开始20个月之后，奥维斯发现欺凌发生率全面下降,降幅达50%,每个年级的状况都得到了显著改善。他总结说:"今后,以未发现为借口对学校中的欺凌问题不采取行动已经不可能了——一切都归结于成人的意愿和参与度。"

教会学生与人相处的技能

我们不指望学生自己学会代数,或未经指导就成为优秀的小提琴家或网球手,但我们却认为只要把学生扔到学校去,他们就能学会彼此相处之道。当然,对一些人而言,这样做是可以的。但如果学校开设有关人际关系的课程的话,就会让更多的学生学会与人相处。要实现这个目标有很多方法,如教孩子辨识并理解他们的情绪,帮助学生发展移情的能力,教会学生解决冲突的技能,积极教授学生交朋友的办法等。我常想,学习一些社会心理学原理对高中生的日常生活将会是非常有用的。

处理我们的情绪

一些学校尝试教给年轻的学生一些有用的方法。比如,在加利福尼亚的一所私立学校——努埃瓦学习中心(Neuva

Learning Center），学生们会学习一门名叫"自我科学"的课，在这门课上，他们学习人类的情感，并学习如何解决挫折和人际冲突问题。这门课的内容设置——学生日常生活中的紧张和创伤——常被其他学校所忽视：当你的朋友不再对你感兴趣时，你感觉如何？某人的祖母刚刚去世，你该对他怎么说？你如何才能加入到一个心仪的小组中去？如何让某人停止对你的嘲讽？如果组建足球队或辩论队不成功，你该如何处理？如果你的朋友们让你喝酒或吸毒，你该怎么办？通过对诸如此类学生关心的问题进行讨论和探究，学生们变得善于识别自己和他人的情绪、评估和选择回答，以及与同伴沟通。

识别他人的情绪

康涅狄格州市中心的一所学校的教师将情绪智能视作一种生存的技能。这所学校的大多数学生每天都要面对危险的环境。他们的生活环境中充斥着毒品和暴力。为了帮助处理这些问题，学校将情绪智能纳入了课程教学中。有一节课的内容仅仅是通过查看别人的面部表情识别他们的情绪。学生观看各种面部表情的照片，有愤怒、恐惧、厌恶、悲伤、惊奇和愉快，分析不同表情下嘴巴、眼睛、眉毛和前额的变化。识别某人脸上的表情看起来很容易，不需要教。但年轻人之间总会有摩擦，往往是因为他们误解了别人的情感表达。比如，欺凌者往往会将别人的中性表达或评价误解为带有敌意的攻击，因而实施报复。

和平解决冲突

对教师来说，最有挑战性的事情之一是必须解决学生间的冲突，防止小的分歧或争执发展成暴力。学校用了很多方法帮学生发展解决分歧的技能。在韦伯斯特·格罗夫斯高中，调解会议平均每天开一次。学生参加调解是自愿性的，但也有一个动机：可以不必停学。在校长助理的领导下，受过特别训练的教职工或学生会进行角色扮演的练习，冲突双方进行角色互换，说出对方在冲突中的感受和想法。理解对方的观点，不仅能够化解在特定冲突中产生的愤怒情绪，还能提升学生预测和理解他人感受的能力，在行动前思考的能力，以及面对分歧采用讨论而不是争吵的方式的能力。

一些学校注重在很低的年级就开始培养学生的这些技能。在加利福尼亚的一所小学，有一个名叫"日常社交圈"的论坛，每个班都会在这个论坛上讨论班级的"好消息"和"坏消息"。即便是幼儿园的小朋友，也已经善于对班里的同学说"我喜欢你在休息的时候跟我玩儿"以及"当我把牛奶洒出来了的时候，我不喜欢你嘲笑我。这让我感觉很糟糕"。通过这种方式，儿童能够在一种支持性的氛围里表达他们的不满，解决他们的问题，同时能够意识到自己的行为对他人情感的影响。如果冲突不能轻易地在圈子内得到解决，学生还可以私下相互交换意见——由受过解决冲突技能训练的教师或家长在一旁监督并且提供帮助。

还是在这所学校，每学年开始，班级最重要的任务之一是拟定一个班级协议，规定可以被接受的行为有哪些，以及对不能被接受行为的处罚是什么。协议张贴在教室里，学生参考协议评价自己和他人的行为。全校都施行这样的民主程序。如果一个三年级的男孩在操场玩球时过于霸道，校长就会到三年级各班的社交圈里听取学生们对这个问题的处理建议。有一个班的学生一致认为，如果违反规则的人玩得过于粗暴，他应该被处以禁玩两天的处罚。

西雅图一所学校也使用相似的方法关注学生人际交往问题。他们每间教室里都有一个信箱供学生传递信息。三年级的一个信箱中有这样一张纸条——"我的朋友爱丽丝和琳恩不跟我玩了。"教师把这样一种关切当作全班讨论的出发点,在不提及人名的前提下讨论友谊的盛衰、被忽视的感觉、人际关系如何随着时间而改变、如何结交新朋友等。

在上面提到的康涅狄格州市中心的那所学校,教师训练学生在行动前先考虑一下。他们一旦接受了严格的训练,就会有各种各样的提示跳出来帮助他们记住受过的训练并集中注意力。比如,有一个措施是在墙上贴一张"信号灯"墙报,关键时刻,当怒气上升时,瞥一眼教室里张贴的这张墙报能帮助学生记起学过的控制情绪冲动的方法。"信号灯"墙报有六个步骤:

红灯:1. 停,平静下来,在动手前先想一想。
黄灯:2. 把问题以及你的感受说出来。
    3. 设定一个积极的目标。
    4. 思考一下各种解决方案。
    5. 事先想一想后果。
绿灯:6. 选择一个最佳方案。

还有一个项目,叫作"创造性地解决冲突",不仅被应用于纽约市的几百所公立学校，还被应用于其他地区的学校。该项目涉及在课堂进行头脑风暴练习，寻找替代暴力的解决办法，以及将受过训练的学生调解员安排到操场上帮忙解决纠纷。该项目的重点是预防暴力，但在教师们看来还有更多的好处。识别和理解情感的训练普遍提高了学生的情感能力，促进了孩子们的相互关心。

学校结构的特殊问题

这些项目被证实成功地帮我们对自己和他人的情感建立了更多理解。但不幸的是，几乎所有这些项目都是为小学生开发的。不要误会。我觉得这种学习对小学生来说是很棒的。但初中生和高中生呢？我忍不住地在想，如果能将科伦拜恩高中的哥特人与运动员之间的紧张和冲突在全校的某个论坛上公开讨论，事情可能就会有不一样的结局。

我的观点是：这些项目对所有年龄阶段的孩子都适用。我认为初中生和高中生明显地比小学生更需要这方面的指导。青少年每天要跟 6 位不同的老师以及不同的同学打交道。如果成年人在职场也要这样做，他们会怎么处理呢？但大多数成年人的工作环境更像一所小学的课堂环境：每天跟处在同一空间的同一群人打交道。中学的结构更容易加剧而不是减缓青春期固有的不安全感。

更糟的是,教师对待高中生的方式是很矛盾的。有时把他们当孩子,有时又把他们当成人。在学业方面,教师会告知学生学什么,什么时候学,怎么学,通常不会要求高中生像成年人一样对自己的智力发展负责。同时,教师对高中生情感的发展却完全没有指导。因而,学生只能靠自己解决问题。毫无疑问,许多孩子在理解他人和与他人互动方面需要得到一些帮助,而要得到这些帮助,最合适的地方就是在学校里,就是与同伴一起。

发展共情

共情是指让自己站在对方的立场上体会对方的感受,获得对他人感受的敏感性和理解力,并准确判断自己的情感,做出恰当的回应。如果布莱恩来上学时看起来很悲伤(不是性格使然),一个有共情力的学生,比如达娜,将会注意到布莱恩很悲伤。当布莱恩说他的祖父刚刚去世,达娜就能想象出失去深爱的爷爷是怎样的感受,她能感受到布莱恩的悲伤,并说出同情和安慰的话。像康涅狄格高中的学生那样学习有关情感的面部表情,对开展共情课程很关键。

为什么学校要关心培育学生的共情能力?越能共情的学生越会合作,越不那么具有攻击性。一旦一个孩子学会设身处地为他人着想,就不大会冒犯他人。如果我们学会设身处地地为许多人着想,那么攻击就会离我们越来越远。

像其他积极品质一样,共情的学习始于家庭。研究显示,小女孩所显示出来的共情力与她们的母亲对她们表现出的共情力呈正相关。男孩受母亲共情的影响要小些,但家庭中有一点对男孩非常重要:如果父母高度重视竞争,那么男孩的共情力就会很低。这很有道理:如果你铆足了劲要赢,那么不关心你对手的感情是有利的,这种态度有助于赢得游戏。然而除非采取其他措施促进共情的发展,否则对竞争的过度关注会带来灾难性的后果。幸运的是,家并不是唯一可以学习共情的地方。共情还可以在学校学习。在课堂上,共情不仅可以被直接地教授,还可以被间接地学习。

共情的教学

"如果你像一只猫那般大,你眼中的世界会是怎样的?"

"什么样的生日礼物会让你们家的每个人都非常开心？"这类问题是由心理学家诺尔玛·费什巴赫（Norma Feshbach）设计的一项30个小时教授共情的项目中的练习题，项目的参与者是洛杉矶的小学生。对这些问题的思考将会提高儿童站在他人立场思考问题的能力。在这一项目中，儿童还会聆听故事，然后以故事中不同角色的视角将故事复述出来。儿童还会扮演故事中的每个角色，他们的表演会被录下来，然后研究人员会观看录像带，分析他们在表达不同情感时的表情和声音。

乍一看，这种项目似乎与学习无关。然而角色扮演和对故事的详细分析却是高中生和大学生在表演戏剧或分析文学作品时会做的事。有趣的是，诺贝尔奖得主物理学家理查德·费曼（Richard Feynman）在回忆他的童年时曾说，他的父亲要他假装成一只生活在他家客厅地毯里的小生物，以此来考验他的智力。要完成这一挑战，费曼实际上需要深入了解这个小生物的外表和内在。这类问题也激发了企业创意课程中教授的那种发散性思维方式和认知灵活性。因此，当诺尔玛·费什巴赫报告说，那些已经发展出更强共情能力的学生也有相对更高的学业成就时，我们不该感到惊讶。

参与费什巴赫项目的孩子们不仅变得更具同理心，还比那些没有参与项目的孩子更自信,更大度,态度更积极,攻击性更低。共情是可以教授的。一些学校正在尝试将共情训练与正规学术课程整合在一起。费什巴赫已经设计出了一些课程资料,用于指导高中教师教授美国移民史,旨在帮助学生理解不同移民群体的观点,设身处地考虑他们特殊的境况,感受许多群体遭受歧视的痛楚。显然,以这种方式教授美国史会使学生更有可能容纳其他种族的同学,从而全面减少校园中的种族对立。

应对没人缘

孩子们常常哀叹"没人陪我玩",对有些孩子来说确实如此。对一个孩子来说,最痛苦的经历是遭到其他孩子的忽视、拒斥或欺凌。没人缘的孩子缺乏社交技能,如果他的伙伴都不和他玩的话,他就没有机会获得这些技能。这种在儿童期的没人缘会对成年期的生活造成严重影响。社会心理学家基普·威廉斯(Kip Williams)已经证明,在童年期被他人排斥的感受会严重贬低个体的自尊心,而且这种影响是长期的。正如丹·戈尔曼(Dan Goleman)指出的:"一个孩子在三年级时受欢迎的程度比任何其他因素，如教师或保育员的评分、学校表现、智商，甚至是心理测试的分数，都更能预测其18岁时的精神健康状况。"

没人缘的孩子缺乏情绪智能，他们不能自发地知道如何与其他小朋友好好地建立联系。一些孩子过于敏感，轻微的冒犯就会引发他们的自我防卫，导致他们迅速恼怒地回敬对方。有些孩子过于胆怯和焦虑。还有一些人"似乎"与他们的伙伴很疏远。他们与他人互动的方式是笨拙的或不合适的。哪怕只有一个朋友，即使这种关系是微不足道的，仍会对一个年轻人的情感发展产生重大影响。

再说一下，你可能自然地会想问，确保每个学生都有一个朋友应是学校的责任吗？我们的一些最杰出的教育家越来越强调说，是的！特德·赛泽和南希·赛泽最近写道："归属感是每个青少年对学校应有的期待。归属感或归属的权利是青少年的一种道德权利。不管创造归属感有多艰难，原则上不可以听任未成年人成为孤独的人，无人理睬。我们应该引导其进入学校生活之中。"

可是，学校要如何最好地引导学生进入学校生活呢？事实证明没那么困难。即使是小型的、有针对性的项目也会有显著

第五章 根源干预措施（一）：难道大家就不能和睦相处吗？

的效果。心理学家斯蒂文·阿舍（Steven Asher）设计了一套包含六项"交友训练"的系列项目，将三四年级不受欢迎的小朋友挑选出来，教他们学会那些更受欢迎学生的典型的行为方式。对于大多数年轻人来讲，作为第二天性的一些社会规则正是他们所欠缺的。当其他人在游戏中表现得好时，教他们学会夸赞他人；当与其他人一起游戏时，教他们学会与别人交流并问问题。项目训练完成一年之后，这些曾经由于不受欢迎而被挑选出来的学生，现在受欢迎的程度已经达到了班级中等水平。

这类项目在提高被拒绝儿童的接受度上有50%—60%的成功率，而且似乎对三四年级的孩子效果最好。但类似的项目也可针对青少年的需要进行调整。这些干预不需要详细说明。一些简单的事情，比如指派一名高年级学生担任每位新生的导师，就能让这些焦虑的新生在学校建立社会关系方面领先一步。有意思的是，科伦拜恩高中最近为新生设立了这个导师项目。

用小组作业消除敌意

正如我先前提到的，许多成人似乎都持一种态度，即焦虑是青春期的一部分,情感的波动起伏不是真的那么严重,孩子就是孩子,高度竞争性的高中氛围所带来的苦难和打击有利于青少年将来在成人世界中生存。这一观点最近见诸科伦拜恩事件之后某知名新闻周刊的一篇文章。《时代周刊》采访了一所学校,该校的教师正急切地想要消除学校里不同小集团和小圈子间的对立。记者采访的开头如下,似乎是在嘲笑这些教师的努力。

所以,如果你不被允许戴一顶帽子,吹起你的号角,组织一个小圈子,或者选中一个新人为目标,这是因为每个人都担心有人可能会崩溃,平心而论,高中为孩子们走入门外这个巨大的丑恶的世界做好准备了吗?——还是对他们有所妨碍呢?高中作为一个受控的环境,曾经是有用的,在这里学生可以安全地学习处理排挤、竞争、残暴和魅力。既然现在我们已经发现学校太不安全了,那么有些课程我们要从别处学习了,因为学校可能"太"受控了。

这就是我们其中一本主流杂志所表达的关切,即便我们只是减弱一点点激烈的日常竞争,学生们就可能被剥夺获得参与

第五章　根源干预措施（一）：难道大家就不能和睦相处吗？

校外真实世界剧烈竞争所必备经验的机会。这让我感到震惊，就好比一个350磅重的男人担心，在早餐的咖啡里用人造甜味剂会让他变得太瘦了。换言之，我相信，即便我们不在学校推广，青少年的世界里仍然始终有大量的竞争和残酷。我担心的是，大多数学校管理者可能没有完全理解敌对的、竞争的社会环境对学生群体的发展和学生对待彼此的态度会产生多么深刻的影响。

作为一个社会心理学家，我知道如果环境更友好一点，更合作一点，那么年轻人的获益将是巨大的，对他人的感激将会大幅提升。我怎么知道的呢？让我告诉你一个简单的小实验，这个小实验发生在树林里。40多年前，著名社会心理学家穆扎弗·谢里夫（Muzafer Sherif）想知道他是否能消除一所夏令营中两个男生小分队之间紧张的敌意。为了达到这个目的，他和他的同事实施了一个相当"恶毒"的小实验，这个实验后来成为社会心理学的经典实验。我之所以称该实验是"恶毒"的，是因为研究者为了创造实验所需的合适环境，首先要故意在两队男生中间制造敌意。

首先，在男生们一抵达夏令营时，谢里夫就将他们分成两队——鹰队和响尾蛇队。然后他举行了一系列竞争性活动，比如足球比赛、垒球比赛和拔河，让两队男生相互厮杀。这些竞争性的游戏在每个小队内部形成凝聚力，在两个小队之间形成距离感和对抗。

　　为了更好地利用这些负面的情感，研究者还继续通过营造大量的环境激化它们。在这些环境中，研究者会拉拢一队，排挤另一队。比如，有次他们开营地晚会的时候，研究者邀请鹰队比响尾蛇队提前到。晚会招待食物有两类：一半是新鲜的、诱人的，让人一看就有食欲；另一半是不新鲜的、被压碎的、难看的，一看就没有食欲。这两类食物的差距简直太大了。男生就是男生，先到的鹰队成员径直走向最有食欲的新鲜食物面前，装满自己的盘子，留下那些没意思的、让人没有食欲的、过期的、压坏的和难看的食物给他们的对手。当响尾蛇队到达的时候，看到自己被占了便宜，理所当然地非常愤怒——因为太愤怒了，他们开始给那支掠夺小队起难听的绰号。而鹰队认为自己的行为是合情合理的（先到先得嘛），他们对响尾蛇队的叫骂非常反感，于是反唇相讥。接着叫骂进而升级为扔食物，然后很快就变成了全面暴动。

　　这些事件之后，研究者想要消除他们所造成的病态的情感。他们开始取消竞争性的游戏，公平对待两队成员。但这一

第五章　根源干预措施（一）：难道大家就不能和睦相处吗？

点用处也没有。一旦这种程度的敌意被激起，简单地消除这些引发敌意的因素并不能减少敌意。相反，即便不再出现导致敌意的事情，不好的感受却还在不断升级。比如，当两队男生参加像一起看电影这样的良性活动时，矛盾也常常一触即发。

最后，研究人员终于找到了减少敌意的方法。他们将两队男生置于合作的环境中——在这样的环境中他们必须相互合作才能达到对所有人都有利的目标。比如，研究者设计了一个紧急事件，他们故意破坏了供水系统。唯一能修复系统的方式是所有年轻人以合作的方式一起工作。还有一次，营地卡车在旅行中抛锚了。为了让卡车发动起来，必须把它连推带拉地弄上一座小山。卡车很重，小山又很陡，只有鹰队和响尾蛇队的所有人都齐心协力，才能把车弄上山。在经过几次这样的事件之后，敌对情绪才慢慢消失了。

这对学校来说是个教训：群体间的敌对很容易形成，也很容易变得根深蒂固。对某些人表现出明显的偏爱或其他被认为不公平的行为，都会增加群体间的对抗。如果学校想要减少小圈子间的对抗的话，光靠镇压还不够。学校必须向学生提出一个共同的目标，使他们能够在一个支持积极归属感的结构内都朝合作的方向努力。

我们都知道这类事情自然发生的例子——并不是事先计划好的或者由"恶毒"的实验者操纵的。比如，当像飓风或洪水这样的自然灾害爆发时，邻里们常常投身于救灾并相互帮助。经历这种灾难后，之前不大来往的人们会感觉靠得更近了。即使是在死对头之间，这类事情偶尔也会戏剧性地发生。

1999年夏天，一场毁灭性的地震袭击了土耳其，夺走了3万人的生命。地震瞬间，成千上万的人被困在瓦砾中，徘徊在生死之间。首批到达的外围救援人员是邻邦希腊受过专门训练的搜救队。你可能知道，希腊和土耳其自奥斯曼帝国时起就苦苦为敌，多少世纪来冲突不断。在电视上看到希腊人帮助清理废墟、救援土耳其人的情景，对于土希人民之间的感情产生了有益的影响。

几周后，命运的反转简直令人难以置信，就像是好莱坞大片似的，一场地震袭击了希腊。土耳其人马上赶往雅典帮助救援。下面是《时代周刊》的报道：

在雅典遭受几十年来最严重地震的第二天，希腊百万观众从电视上看到土耳其搜救人员从一堆瓦砾中拉出一名希腊儿童时不禁发出赞叹之声。播音员努力控制着他们的感情。"是土耳其人!"其中一人大喊,他的声音都有些破音了。"他们发现小男孩了。他们救了他。现在土耳其人正在喝一瓶水,而装水的瓶子正是之前希腊搜救队员用过的。这就是爱。太美了!"

一位杰出的美国大使称这一事件为"地震外交"。这些事件是戏剧性的、有意义的、温暖人心的。它们确实有助于消除长久以来的敌对情感,为双方后来一系列颠覆性的外交举措搭建了平台。但如果你认为一两次友好的合作和帮助——不管如何戏剧化——就会成功消除几个世纪(即便是几个月!)以来的仇恨与不信任,那显然就太天真了。不论我们是处理国家间的冲突,还是教室里同学间的矛盾,孤立的积极事件,不论怎么戏剧化或者感人,都不能消除几个世纪、几年或甚至只有几个月的不信任与怀疑。如果我们想要创造出一种氛围促进不同人群间的友谊的建立和保持,那我们就必须找到某种方法,帮助他们在日常活动中积累这些积极的合作经验。我们必须找到一种方法建立友爱的、合作的相处规范,从而巩固好的情感。我们将在下一章继续探讨这一挑战。

第六章　根源干预措施（二）：
在课堂上创造合作、共情和同情

在威廉·沃顿（William Wharton）那部煽情的小说《鸟人》（*Birdy*）中，主角之一的阿方索，一个部队的中士，对应征入伍的胖子，一个叫荣斯基的办公室打字员很厌恶。阿方索不喜欢荣斯基的地方有很多。在这些不喜欢中，第一个就是荣斯基不停吐痰的恶习。他到处吐痰，吐在自己的桌上，吐在打字机上，吐在正好出现在身边的人的身上。阿方索受不了这个家伙，幻想着能够一拳将他打出去。几个星期之后，阿方索获悉荣斯基曾参加过诺曼底战役，并曾惊恐地看着几个兄弟还没登陆就被打死。荣斯基不断吐唾沫貌似只是一种努力，想要清除嘴巴里的坏味。在知道这些之后，阿方索开始用一种完全不同的眼光来看待这个从前的敌人。他悔恨地叹息，并对自己

第六章 根源干预措施（二）：在课堂上创造合作、共情和同情

说："不用知道这些，即使你粗心大意，也会为每个人感到可悲，没有什么人是值得憎恨的。"

你喜欢你的工作吗？如果你喜欢，那你工作的地方可能是人人互相喜欢，合作良好，相互支持，相互尊重各自的特质以及各不相同的工作风格。你在一个受到尊重并被当作团队中重要一员的地方工作——不管你的岗位是什么。

让我再细致描述一下我所假设的高度支持性的工作环境是怎样的，以使我刚才所说更加丰满：在这样一个运作良好的办公室里，密切合作的人们对相互间在工作方式上存在的差异很关心并且相互支持。比如，你现在的合作伙伴知道，奈德会在会后把自己关在办公室里工作一会儿。而你和克里斯喜欢在餐厅喝咖啡的时候或在公司健身房健身的时候解决项目中的几个漏洞。苏和桑迪说她们在中午散步的时候想出了最好的点子。当团队再聚在一起的时候，每个人都有了有价值的东西来讲述。老板也是一个直率的家伙。尽管他管理着一百号人，他却知道你叫什么并记得你喜欢演奏五弦琴。他可能是一个严厉的监工——有时候有点过于严厉——但他能很好地倾听，并且几乎总是很公平。

当然，不可避免地，这儿也有一些小小的办公室政治。但这没什么大不了的，不会让你夜不能寐。大部分人都会忽略它。你们公司的男男女女相处得非常好，这是非常有益的。虽然存在一点竞争，存在一点敌意，但在大部分时候，人们相互支持，相互合作，为同事的成功而感到高兴。人们能够放松，甚至偶尔开开没有恶意的玩笑，没有人会介意。大多数人婚姻幸福或快乐地单着身，没人烦恼找对象的事。

你喜欢星期五休闲日，每个人早早结束手头的工作，聚在一起吃披萨、打篮球。有些打篮球的人是大学或高中时校队的队员。他们现在仍然打得很好，并且仍然热爱打球，但不存在什么公司运动明星或诸如此类愚蠢的东西。没有人像高中时那样将他们视为名人；在这里他们只是普通人。你们公司中的超级明星是那些有创意的并能在其他人有想法的时候给予支持的人；他们是那些能够拿下大项目或真正在自己的工作上闪闪发光的人。你可以看到他们正在通往更高管理层的快速通道上。但即便你不是他们中的一员，你也会对自己的位置感觉良好，因为你总能意识到自己有重要的事情要做，超级明星的成功会增强每个人的能力。

如果你家里出了点问题，你可以指望你的同事给你点建议

第六章 根源干预措施（二）：在课堂上创造合作、共情和同情

和鼓励。自从你大嗓门的小舅子来访之后，家里气氛顿时紧张起来；女儿的头发每周要换一次颜色；儿子说要拿他暑期打工攒下的钱去买辆摩托车。相形之下，工作倒成了避难所，里边都是"正常"人，他们都知道生活的艰难。如果你真出现了严重问题，公司还有专业咨询人员可供咨询。

事情不会这么完美。总是有许多压力和太多不必要的乏味的工作。偶尔你也会很难一大早从床上爬起来去上班，但你知道如果你没有露面的话他们会想你的。即便有最后的期限和荒谬的文书工作在等着你，你也会觉得自己的工作还不错。你感觉舒适，知道自己属于这里。这就让一切都变得大不一样了。

现在，试着想象一个真正令人不快的工作环境——一个如同地狱般的工作环境。你和你的同事为了给经理留下印象，相互间不停地竞争。当你有了一个好点子，你会感到空气中有一丝凉意，你的同事们不是祝贺你，支持你，而是恼怒自己怎么没想到。当你搞砸了一项任务的时候，很快同事们就幸灾乐祸，有时还会对你冷嘲热讽。尽管你自认是一个温暖的乐于助人的人，但在这样的环境里待上几个月，你甚至会发现当某个同事表现出色时自己也会嫉妒得发疯，而当他们犯了一个愚蠢的大错时你又会感到满心欢喜。

你的办公室里有明确的圈内圈外。非常有趣的是,圈子里的人不一定是最有技能的、最努力工作的或者最能干的员工。相反,圈子外的人却可能非常擅长他们的工作,但他们却常显得害羞或紧张,穿着也不时尚,其中肯定还有个大胖子。

你既不在圈子内,也不在圈子外,而是处于两者之间。当你去公司的餐厅吃饭时,常常不知道自己该坐在哪里。你希望能受圈内成员的欢迎——但实现不了。你不想与那些圈子外的人坐在一起,害怕会拉低自己在办公室的地位。你希望成为圈子里的一员,但不知道如何才能做到。你的一些在圈子内的同事事实上并不擅长他们的工作,但他们擅长用与工作无关的事情来打击你:有人高尔夫打得很好,有人篮球打得很棒,还有人会调情并且身材很好。甚至连老板似乎都更喜欢这些人。

这听起来是不是很荒唐?确实荒唐。在这样的氛围下,没有哪家公司能够有望留住最优秀的员工——或成功。但这却是绝大多数高中的现状。你知道有哪所高中里学习最好的孩子和最懂得合作的孩子更受同学们喜欢呢?哪所高中里辩论队或哲学俱乐部的成员比橄榄球队队员更受尊重呢?你知道有哪所高中能够积极鼓励或哪怕只是容忍不寻常的、怪异的行为呢?

对于我们这些中年人来说,感叹"希望再年轻一次"简

第六章 根源干预措施(二):在课堂上创造合作、共情和同情

直就是陈词滥调,但我怀疑,我们中的大部分人会选择不去回忆青少年时代的许多艰难的事。如果真到了迫不得已的地步,也很少有人会真的想回到高中。没有人想去面对6个不同的老师所提出的学术要求;没有人想面对青春期荷尔蒙引起的情感骚乱;没人想面对作为非运动员、非明星或身体上没有吸引力的人所要承受的低人一等的感觉;没有人想面对因为没有自己的小圈子而产生的孤独感,以及同那些"谈不到一起去"的、可能不讲理的、不能给予支持的或没有同情心的家长说话。毫无疑问,学生们更喜欢放学后到餐厅打工而不是学习文艺复兴时期的艺术或天体物理学。煎汉堡比学习艺术或天体物理学更能得到什么收获呢?正如我们在本章开头用一个虚拟的例子所表明的,一个积极的工作环境,即便仅仅是一份相当卑微的工作,都能比一个负面的学校环境提供更多的东西。年轻人在快餐店常能体验到学校正在消失的那种团队合作、友情和责任感。

一个真正积极的工作环境的一切都令人兴奋。积极的工作环境中没有奚落、嘲讽和排挤。人们不会到处羞辱别人。没有人会因为(对于其他人来说)不相关和无法获得的特质——比如跑得快或有凸起的肌肉或胸部——而受到吹捧。人们因为

他们本身而受到尊重。差异不仅仅会得到容纳,甚至能得到喝彩。

减少竞争/促进合作

学校怎么做才能使教室环境像放学后的打工环境一样吸引年轻人呢?这无法通过在教室里增设祷告或在布告栏里张贴"十诫"达成,也不能通过强迫孩子们称呼他们的老师"先生"或"女士"达成,甚至不可能通过增加诸如"文艺复兴时期的艺术"或"中世纪史"这样非常棒的有价值的课程达成。我所知道的达成这一目标的最好的方法是重构学生的学术体验。我不是指课程的内容,而是指在学习过程中产生的氛围。在许多方面,如何学习一个主题比学习什么内容更重要。

向学生教授知识的方式有许多种。教师可以以"第二次世界大战"为主题做讲座,或者学生们可以从教科书上阅读有关二战的史实。教师可以安排学生到图书馆自己做研究,或者安排学生采访在部队服役的军人或那些经历过战争的美国人、欧洲人和亚洲人。教师可以要求学生独立学习或小组学习。学生们可能被要求参加一场考试,写一篇学期论文,或者做一场讲

第六章　根源干预措施（二）：在课堂上创造合作、共情和同情

座来展现他们学到的知识。此外，教师还可以用智力抢答的方式，即由教师提问，学生举手示意以展现自己对这个问题的掌握程度和反应的速度。

这每一种教授知识的方式都传递给了学生不同的讯息。教师做讲座，传递的信息是，他们是知识的专业来源。教师将学生派去图书馆，传递了这样的信息，即对学生们来说成为一个有技巧的研究者很有用，同时也使学生学会了手头的内容。教师要求学生采访一名退伍军人，传递了这样微妙的信息，即书本并没有囊括所有重要的知识。教师在课上搞智力竞赛，暗示了回忆的速度和知识一样重要。

关键在于学生在过程中（知识获得或交流的方式）学到的东西，即使他们主要关注的是要学的内容。如果要求学生讲座时做笔记，读教科书，一知道答案就举手，并按正态曲线分布给他们的考试成绩打分，那这样的学术环境就是在鼓励学生相互竞争。当成绩出来的时候，一些学生是大赢家，一些学生是大输家，而大部分学生则落入默默无闻的中间地带。如果学生的六门功课都这样学习的话，那么他们可能会将生活也看作是竞争性的——课堂内外都一样。

这个国家的绝大多数课堂都是这样的氛围——将胜利者与

失败者区分开。也许这就是为什么我们大部分人倾向于将失败看作是一种会传染的疾病。大部分年轻人都想尽可能地离失败越远越好。胜利者与那些处在中间层的人都在尽量将自己与失败者区别开来。他们不与失败者为伍，嘲笑他们，并希望这些失败的人消失。但除非这些失败的人退学，否则他们不会消失。在大多数情况下，他们只能默默地承受，离主流越来越远。他们越被忽视或嘲讽，退得就越远。在罕见但重要的场合，他们会爆发——严重伤害自己或他人。

许多学校都在试图消除过度竞争的负面影响。学前教育机构和小学都在积极鼓励孩子们分享、和谐相处、尊重及合作。许多小学现在要求学生以小组的形式围着桌子坐，而不是各自分散排排坐。许多学校都把注意力集中在那些有学习或行为问题的学生身上，不遗余力地帮助他们成为班级中重要的一员。

然而另一方面，我们却很难找到一所高中或初中努力地向全体学生展现全纳和合作的重要价值。确实，有些学校取消了分轨制，对所有学生开放大学先修课程，取消了班级排名以及最优生毕业典礼致告别辞制度，试图通过这些措施减少学术领域的竞争，但这些尝试却偏离了目标。实际上，许多家长和学生把这些策略看作是一种政治上正确的空谈，它仅仅起到了惩

第六章 根源干预措施（二）：在课堂上创造合作、共情和同情

罚努力学习的认真的学生的作用而已。毕竟没有人会真的觉得随意地分配校足球队的首发阵容或校内运动会不记分不排名这样的主意有趣。

旨在加强课堂合作的尝试如果不经过仔细设计，可能会起到反作用。为了一篇合作报告而简单地将学生分在一个小组里共同学习并不能保证真正的合作。大多数情况下，这类非结构化的"合作"环境的群体动态反映出的是更大范围的竞争性课堂动态。总有一到两个能力最强或最有动力的学生冲在最前面，完成大多数任务，同时又抱怨担负了整个团队的工作。能力不强或不积极的学生最后几乎什么也没做，什么也没学到，并且感到自己不够好。这些所谓的"小组合作"只是名义上的合作而已。

拼图式课堂

合作学习任务分配的问题不在于它不起作用，而在于使用者需要认真使其结构化才能达到预期的效果。一个有着 30 年历史的成功的模式，叫拼图式课堂。"拼图式"是小组学习的一种特殊形式，要求每一个人努力合作以完成最终的作品。正

如拼图游戏，每一块部件——每个学生的那个部分——对于最终成果的产生及对最终成果的完整理解都很重要。如果每个学生被分配的学习任务都是重要的，那么每个学生就都是重要的。这就是这一模式奏效的关键。

下面说说它是如何运作的：比如，在历史课上，学生们被分成5—6人一组。假设他们的任务是学习第二次世界大战。在其中一个拼图式小组中，让我们假设萨拉负责研究希特勒是如何在战前的德国攫取权力的。小组的另一个成员史蒂文被派去调查集中营；佩德罗的任务是研究大战中英国的角色；梅洛迪研究苏联的贡献；比尔研究日本是怎样加入战争的；克莱尔要了解原子弹的研制。

最后，每个学生都将回到他或她自己所在的拼图式小组，努力向小组做出一个生动、有趣、组织好的报告。这种环境需要有特别的结构，使得其中任何一个成员要想获得其他五个部分的知识，就必须专心听每一部分负责人的报告。这样的话，如果比尔不喜欢佩德罗，或认为萨拉是个讨厌鬼，并在他们报告的时候起哄或不理睬，那他就不能在接下来的考试中考出好成绩了。

为了保证每份报告基于事实并且准确无误，学生并不会马

第六章　根源干预措施（二）：在课堂上创造合作、共情和同情

上将他们的研究报告带回拼图式小组。在做完研究之后，他们必须首先和其他拼图式小组中被分配有同样任务的学生（每个小组都有一个）碰头。比如，那些负责原子弹主题的学生将聚在一起开会，像专家一样收集信息，讨论观点，成为该主题的专家，并且排练他们的汇报。我们把这样的小组称为"专家小组"。这对那些一开始可能就有学习困难或组织语言困难的学生尤其有用——因为这可以让他们从倾听其他"专家"并与其他"专家"一起排练汇报中受益，从而掌握汇报的方法，跟上学习的进度。

在专家小组会议之后，每个报告者都跟上了进度，回到原来异质结构的拼图式小组中。由每个小组中的原子弹问题专家向其他组员传授他/她学会的有关原子弹研制的知识。每个小组中的每个学生教给整个小组他/她所具有的专门知识。在学生相互学习之后，进行考试。

拼图式课堂的好处是什么？首先，它是非常有效的学习方式。但更重要的是，就当前讨论的问题，让每个小组成员在学术活动中都扮演一个重要的角色，在这样的过程中就鼓舞了每个人倾听、参与和换位思考。小组成员必须以小组的方式一起工作才能完成共同的任务。每个人都要依靠其他所有人。除非每个人都

以团队的方式工作,否则没有人能达成自己的个人目标(学习材料,得到一个好分数)。小组目标和个人目标相互补充,相互支持。这种"经过设计的合作"促进了班上所有学生之间的互动,使他们能够将彼此视作共同任务的贡献者而予以看重。

1971年,我有幸见证了这一过程的展开,那是在得克萨斯州奥斯汀学校首次举办的拼图式课堂上。那年,我和我的研究生发明了这种拼图式策略以帮助平息一个极易爆发混乱的局面,这个方法是绝对必要的。奥斯汀的学校最近取消了种族隔离,但由于奥斯汀以前是实施种族隔离的,所以白人、非裔美国人和墨西哥裔美国人有生以来第一次发现自己与其他种族置身于同一间教室里。短短几周之内,种族之间长期存在的猜疑、恐惧、不信任以及厌恶就酝酿出了一种混乱和敌对的氛围,在全市所有学校的走廊和操场上都爆发了种族间的互殴。学校督学打电话叫我去,想看看我们是否能做些什么来帮助学生学会相处。在观察了几天课堂情况之后,我和我的学生得出了这样的结论,即种族间的敌意因课堂竞争的气氛而恶化。

我来解释一下。在我们观察的每个课堂,学生都在独自学习,为了成绩而相互竞争。这里有一份我们观察的一个典型的五年级课堂的记录:

第六章 根源干预措施（二）：在课堂上创造合作、共情和同情

老师站在教室前面问了一个问题，等待学生示意他们知道答案。通常，会有6—10个学生举起手。但他们不仅仅是举起了手，他们还将屁股抬起来，拼命地抬高胳膊，试图引起老师的关注。说他们渴望被叫到那简直就是轻描淡写了。其他几个学生安静地坐着，回避老师的眼神，似乎努力地想让自己隐身。这是一些不知道答案是什么的学生。可以理解，他们努力避免与老师进行眼神接触，因为他们不想被叫起来回答问题。

当老师叫到某个急切的学生时，其他热切举手的孩子的脸上顿时就会显出失望、沮丧和不高兴的样子来。如果那个被叫到的孩子回答正确，老师就会露出微笑，赞许地点头，然后提下一个问题。这对那个被叫到的孩子来说是最大的奖赏。同时，从那些努力寻求被叫到却没被叫起来的孩子那里会听到一声抱怨。很显然他们遗憾自己失去了一次向老师表现自己的聪明伶俐的机会。也许下一次他们会有这样的机会。而那些不知道答案的孩子却舒了一口气。他们这次没有遭受羞辱。

老师在每一学年的开始都会下决心要公平对待每个学生，鼓励所有学生努力学习，但学生们很快就会将自己归到不同的群体中去。"赢家"是那些聪明、急切、富有竞争力的学生，

他们总是热忱地举手，参与讨论并且考试成绩不错。可以理解，老师对这些学生对于教学所给予的回应感到满意。他表扬他们，鼓励他们，继续叫他们回答问题，并且依靠他们将课堂教学保持在一个高的水平以及合理的速度上。

然后就是那些"输家"。一开始，老师偶尔会叫他们回答问题，但他们无一例外地都不会，害羞得说不出话来，或者英语说得不好。他们在众人的注视下感到很尴尬。其他一些学生会有刻薄的评价——有时压低嗓子，偶尔也会大声说出来。由于城市贫困地区的学校标准较低，非裔美国人和墨西哥裔美国人接受的教育比隔离前还要少。因此，在奥斯汀，输家中常有这些人。这就使白人孩子对少数裔孩子的刻板印象得到了不公正的证明。白人孩子认为少数裔孩子是愚蠢的或懒惰的。少数裔学生对白人孩子也有一些偏见——爱显摆，都是老师的好孩子。这些刻板印象会得到竞争性课堂上大多数白人学生的表现的印证。

只过了一阵子，课堂上的老师就放弃了帮助那些回答不好的学生融入的努力。他觉得最好还是不要叫他们以免让他们受到其他同学的嘲笑。实际上，老师与"输家"达成了一种无声的默契：老师让他们自己待着，只要他们不扰乱课堂。老师

第六章 根源干预措施（二）：在课堂上创造合作、共情和同情

并不是有意放弃了这些学生，班上其他学生也是。老师也不是有意制造了学生所体验到的困难。过了一段时间，这些学生就会自我放弃——也许相信自己就是不聪明的——因为他们已经肯定自己弄不明白老师提出的问题。

仅仅通过几天的密切的观察和访谈，我们就对这些课堂上发生的事情有了非常清晰的了解。我们意识到我们需要采用些激烈的手段将无情竞争的氛围转变为更加合作的氛围。就在这种形势下，我们发明了拼图式策略。我们首次实施干预是在五年级。首先我们帮助几位五年级老师设计了一个合作性的拼图式结构让学生学习埃莉诺·罗斯福（Eleanor Roosevelt）的生平。我们根据学生的种族、民族和性别进行混合分组，让每一个学生负责罗斯福传记的某一部分。不用说，每一组至少有一到两个学生被同学看作是"输家"。

卡洛斯就是这样一个学生。卡洛斯很害羞，在他的新班级环境中感到不安全。英语是他的第二语言。他说得很好，但有一点口音。试着想象一下他的经历：在一所缺乏资金、标准低下，几乎全部由像他一样的墨西哥裔美国人构成的社区学校里上学，然后忽然要坐校车穿过城市到中产阶级社区，跻身一个全是英语流利、什么都比他懂得多而且锋芒毕露的白人学生的

班上。

当我们重构课堂使学生以小组的形式共同学习时，起初可把卡洛斯吓坏了。他不能再从椅子上偷偷地溜走，然后躲到教室的后面去了。轮到他详述的时候，拼图式结构使得他必须开口说话。卡洛斯通过与其他也学习罗斯福在联合国工作相关内容的学生一起排练并获得了一点点自信，但是当轮到他教他所在小组的学生时，他说话依然是小心翼翼的，这完全可以理解。他满脸通红，结结巴巴，艰难地叙述着他已经学会的材料。对竞争性课堂那一套方式习以为常的其他孩子们很快就开始攻击卡洛斯的弱点，并取笑他。

我的一个研究助手正在观察这一小组，听到一些小组成员做出这样的评论："哦，你根本不知道，你是个笨蛋，你是个蠢货，你都不知道你在干什么，你甚至都不会说英语。"他没有警告他们要"待人友善"或"努力合作"，而是做了一个简单却有力的陈述。大概像这样："这样说卡洛斯可能对你来说是有趣的，却不能帮你学到任何有关罗斯福在联合国工作的知识——15分钟以后就要进行测试了。"我的助手只是提醒学生现在环境已经发生了变化。那些过去也就是相互竞争时对他们有用的行为，现在却会使他们付出很大的代价：丧失在即将到

第六章　根源干预措施（二）：在课堂上创造合作、共情和同情

来的考试中取得好成绩的机会。

不用说，无效的旧习惯并不会轻易消亡。但是它们确实消亡了。只用拼图式学习了几天，卡洛斯的组员们就开始逐渐意识到他们需要改变策略。对卡洛斯喋喋不休不再符合他们自身的最佳利益。他不是敌人，他是他们队的。他们需要他学得好，这样他们才会学得好。他们不再嘲笑他，把他撂倒，他们开始温和地向他提问。其他学生开始站在卡洛斯的立场上，这样他们就能问些不对他造成威胁的问题，同时能够帮助他用清晰、易于理解的方式回忆他所知道的知识。一到两周之后，大多数组员都变成了有技巧的访谈者，擅长问卡洛斯相关问题以提取最重要的信息。他们变得有耐心，发现了最有效的与卡洛斯一起学习的方式，他们帮助卡洛斯，鼓励卡洛斯。他们越是鼓励卡洛斯，卡洛斯就越放松；卡洛斯越放松，就会说得越快越多。卡洛斯的组员们开始用一种新的眼光看卡洛斯。卡洛斯在他们的印象里开始由一个"什么都不知道甚至不会说英语的失败者"变为一个可以共同学习的人，一个他们感激的人，甚至是一个让他们喜欢的人。更进一步的是，卡洛斯开始用一种新的眼光看自己，认为自己是一个有能力的、对班级有贡献的成员，能够与不同种族的学生一起学习。他的自

信增长了,随着自信的增长,他的表现有了更多的改善;而随着他的表现的持续改善,他的组员不断地用一种越来越喜欢的眼光来看他。

仅仅几个星期,拼图式教学的效果对于老师们来说是显而易见的。他们主动告诉我们对课堂氛围的改变感到非常满意。兼职老师(如音乐老师)对课堂氛围的巨大改变感到有点惊讶。不用说,这对我和我的研究生来说是令人兴奋的。但是,作为科学家,我们对此仍不够满意。我们还在寻找更坚定、更客观的证据——后来我们找到了。因为我们是随机在某些课堂进行拼图式干预,因此我们可以将拼图式课堂上的学生的进步与那些传统课堂上的学生的进步以准确、科学的方式进行比较。仅仅八周以后,即使学生只花了很少时间用拼图式小组的方式学习,差别就已经很明显了。经过客观测试,拼图式课堂上的学生比传统课堂上的学生明显表现出更少的偏见和负面刻板印象,更自信,并且报告更喜欢学校。此外,这份自我报告得到了客观行为数据的支撑:比如,拼图式课堂上的学生更少旷课。在学业成绩方面,拼图式课堂上的差生在八周的课程中取得了巨大的进步,在客观性测验中他们的分数明显高于传统课堂上的差生,而好学生一如既往地表现良好——与传统课堂

第六章 根源干预措施（二）：在课堂上创造合作、共情和同情

上的好学生一样好。

合作：拼图式与篮球

你们也许已经注意到拼图式小组中的合作与运动队顺利运转所必需的合作大致相似。比如，拿篮球队举例。要使队伍获胜，每一个运动员必须以合作的方式发挥自己的作用。如果每一个运动员都固执地想成为队里的最高得分手，那么只要一有机会控球每个人都会投篮。而相反的，在一个合作的团队里，理想的情况是快速传球，直到一个球员成功突破，获得一个相对容易的投篮机会。如果我将球传给萨姆，萨姆传给亨利，亨利传给托尼，托尼轻松上篮，即便我没有投篮得分，也没有因为助攻而得分，我也会非常开心。这就是真正的合作。

这种合作的结果，就是运动队常常会形成一种凝聚力，使得队员之间的关系延伸到球场外。他们之所以成为朋友是因为他们学会了如何相互依靠。然而，典型的拼图式小组的结果和典型的高中篮球队的结果之间还是有差异的，一种很关键的差异。在高中，运动员们总在一起闲晃，不时地将非运动员排挤

出他们亲密的朋友圈。简言之，运动队内部的凝聚力总是伴随着对外部人员的排斥。

在拼图式课堂上，我们通过每八周对小组进行重新分组的简单方法规避了这个问题。一旦某个小组合作良好，学生间的壁垒被打破，有大量的相互喜欢和同情的表现，我们就会重组小组。最初，学生们对这种重组有所抵制。想象一下这样的情况：黛比、卡洛斯、蒂姆、帕蒂和雅各布刚刚熟悉，并且相互欣赏，而且他们小组的学习非常好。为什么他们要离开这个温暖、高效和舒适的小组而加入到另一个相对陌生的小组中去呢？

的确，为什么？在新的小组待了几周之后，学生们无一例外地发现新组员与他们的旧小组一样有趣、友善和出色。新的小组在一起学习得很好，新的友谊建立起来。然后学生们又移到第三个小组里，同样的事情又发生一遍。当第三个小组的学习接近尾声的时候，大多数学生渐渐明白，他们并不是运气好，与四五个非常棒的同学分到了一组，而是意识到与他们一起学习的每个人都是好的。他们所要做的，只是去关注每个人，试着理解他们，然后好的事情就会发生。这是非常值得学习的一课。

第六章　根源干预措施(二):在课堂上创造合作、共情和同情

鼓励共情

拼图式课堂的学生开始善于换位思考。他们开始借助共情①理解像卡洛斯这样的学生。共情是比尔·克林顿(Bill Clinton)的那句名言"你的痛我感同身受"所指的东西。当我们观看一部电影时,共情会使我们因看到主角发生悲伤的事而落泪,发生开心的事而喜悦。但我们为什么要关心电影里的主角呢?我们关心是因为我们已经学会了感受和体验角色所经历的事情——好像它就发生在我们身上一样。在我们还是婴儿和孩子的时候,我们就能体验到对家人和亲密朋友的感同身受。但我们大多数人不会对仇敌共情。因而,当观看一部像《星球大战》(*Star Wars*)这样的冒险电影时,大多数年轻人会在邪恶帝国成员所控制的飞船被炸成碎片后感到狂喜。谁会关心达斯·维达(Darth Vader)的追随者们怎么样了呢?

共情是我们与生俱来的品质还是后天习得的呢?我相信我们生来就有一种感受他人情绪的能力。它是我们之所以为人的

---

① Empathy,可以翻译成共情、同理心和换位思考等。

一部分。我还相信共情是一种需要在实践中强化的技能。如果我是正确的,那么就能得出这样的结论:拼图式小组的学习会使一个年轻人的共情能力更强,因为要在小组中表现好,一个孩子需要练习感受小组其他成员的情绪。为了检验这一观点,我的一个研究生黛安娜·布里奇曼(Diane Bridgeman)设计了一个巧妙的实验:向10岁的儿童展示一组卡通画,其中一半的儿童在拼图式课堂上学习过两个月,另一半的孩子来自传统课堂。在这组卡通画中有一张,是一个小男孩在机场与父亲挥手告别,神情悲伤。而在另一张画中,一名邮递员给这个小男孩送了一个包裹。当男孩打开包裹时,发现里面是一架玩具飞机,他大哭起来。黛安娜·布里奇曼询问孩子们小男孩为什么看到玩具飞机就大哭起来了呢?几乎所有的孩子都能回答正确——因为玩具飞机勾起了他对父亲的思念。然后黛安娜问了一个关键问题:"那个邮递员看到男孩子打开包裹后大哭起来会怎么想呢?"

大多数这个年龄的儿童都会犯一个一致性的错误:他们假设每个人想的都跟他们一样。因此控制组的儿童的回答是,邮递员应该知道男孩伤心是因为礼物让他想起了父亲的离开。但是拼图式课堂上的儿童的回答却不一样。因为他们能够站在邮

第六章 根源干预措施（二）：在课堂上创造合作、共情和同情

递员的角度思考，所以他们更能通过采用邮递员的视角，意识到邮递员会对小男孩收到一件这么好的礼物却大哭而感到费解，因为邮递员没有看到机场告别的那一幕。

乍一看，这似乎不是很重要。毕竟谁在乎孩子是否有能力指出邮递员在想什么呢？但事实上，这非常重要。理由如下：儿童从他人视角看待世界的能力能发展到什么程度，对同情、偏见、攻击和人际关系影响深远。当你能够感受其他人的痛苦，能够发展出理解他人正在经历的痛苦的能力，你就获得了向他人打开心扉的能力。一旦你向他人敞开心扉，你就不会再欺凌他人，嘲笑他人，羞辱他人——更不可能会杀害他人。如果你有共情的能力，那么你欺凌或嘲讽别人的欲望就会下降。这就是共情的力量。

回忆一下这一章的一开始，我引用了小说《鸟人》中阿方索的一段感人独白："不用知道这些，即使你粗心大意，也会为每个人感到可悲，没有什么人是值得憎恨的。"是的，这就是拼图式学习的力量——它在那些不喜欢、不信任彼此，相互拒绝、嘲笑和打架的学生间建构起了共情。这些学生在体验了几个月的拼图式学习之后，已经没有可讨厌的对象了。

学生们对拼图式学习有什么看法?

合作学习策略是有效的。学生对资料的学习与传统课堂的学生相比一样好,甚至更好。我们有近30年的科学研究可以清楚地证明这一点。数据还显示,通过合作学习,课堂产生了一种积极的氛围,学生们学会了喜欢和尊敬彼此,嘲讽和欺凌急剧减少。参与拼图式学习的学生告诉我们,他们更喜欢学校了,并且更高的出勤率也印证了这一点。不用说,科学结论自然是重要的,但在个人层面上,也许更令人欣慰的是,亲眼见证年轻人经历这种转变。曾经的欺凌者变成了给力的帮助者,焦虑的"失败者"开始喜欢学习,感到自己被接纳。偶尔,我会收到一些来自年轻人的自发的、主动的来信,他们曾在许多年前经历过这样的转变。为了让你们体会这种经历的滋味,我将其中一封信分享给你们。

亲爱的阿伦森教授:

我是某大学四年级的学生。今天我收到了哈佛法学院的录取通知书。这对您来说可能没什么奇怪的,但我想对您说些事

第六章 根源干预措施（二）：在课堂上创造合作、共情和同情

情。我是我父母七个孩子中的老六，是唯一一个上大学的孩子，更不用说大学能够顺利毕业，还能够考上哈佛法学院。

到现在为止，您可能很奇怪为什么这个陌生人会写信给您并且向您夸耀他的成就。事实上，尽管我们从没见过面，我却并不是一个陌生人。您看，去年我选修了社会心理学课程，我们用了您写的教材《社会性动物》，当我读到偏见与拼图式时，感到非常熟悉——然后我意识到我就在您曾实验拼图式的第一个班级中就读，当时我五年级。当我继续往下读的时候，我恍然大悟，我就是那个被您称为"卡洛斯"的男孩。然后我记起了您，您第一次来我们课堂，那时我是多么害怕、多么憎恨学校，以及我是多么蠢笨、什么都不懂。您走进来了——在我读您的书的时候，所有这一切我都想起来了——您很高——大概6英尺5英寸高——您留着大黑胡子，很风趣，把我们都逗笑了。

最重要的是，当我们开始以拼图式小组的方式学习的时候，我开始意识到我没有那么笨。那些过去我以为残暴敌对的孩子成了我的朋友，老师也对我很友好很和善，事实上我开始喜欢这所学校了，并且开始爱学习了。而现在，我要去哈佛法学院了。

您可能会收到很多这样的来信，但我还是决定要写这封

信，因为我要告诉您一些事情。我母亲告诉我，我出生的时候差点死掉。我在家里出生，出生的时候脐带绕在我的脖子上。接生婆给我嘴对嘴做人工呼吸才救了我一命。如果她还活着，我也会给她写信，告诉她我现在长得很聪明很好，我要去法学院读书了。但是她几年前去世了。我现在给您写信，因为不仅是她救了我一命，您也挽救了我的生命。

您真诚的，

×××× ×××

我想，你们都会赞同这是一封很美的信。对我来说，它只是我收到的众多感人信件中的一封。但是当我看到签名时，我震惊地发现他并不是我脑海中当年那个男孩，那个我在前面称为"卡洛斯"的男孩。给我写这封信的年轻人搞错了。

我清楚地记得自己坐在那里，手中拿着这封信，思考着这位年轻人以及他是怎么搞错的。但过了几分钟之后，我陷入了沉思，我开始意识到也许这个年轻人根本就没有弄错。也就是说，在我写卡洛斯时我脑中对那个五年级有特殊的记忆，但有太多孩子的情况与之相似。在我的沉思中，我开始抓住这样的可能性，即全美有成千上万的年轻人认为自己就是卡洛斯，而

第六章　根源干预措施（二）：在课堂上创造合作、共情和同情

且在更深层的意义上，他们都是卡洛斯。卡洛斯是这样的孩子，他曾是遭受贬低、嘲笑、拒绝和丧失自信的不快乐的人——正是因为课堂结构改变了，带来了不同的变化，他才得以改变。对于这些参与实验的孩子来说，这简直就是个奇迹。而对于社会心理学家来说，这是一个生动的展现环境力量的例子：一个看上去小小的、简单的社会环境结构的改变能够对环境中的人的生活产生巨大的影响。

谁能从拼图式学习中获益

不是只有孩子们才能从合作学习的经历中获益，所有人都能从中获益匪浅。我们对年轻的成年人也做过许多实验，实验结果与我们从孩子们身上得到的结果是一样的。有一项实验是要求大学生与某个人交往，大学生们都认为这个人以前曾是一名精神病患。这个人被描述为曾患有精神病，因此大学生受到引导会对此人产生消极的期待，以为他的行为会非常怪异。一些大学生在传统的学习环境中与"前"精神病人接触，而另一些则在拼图式小组中与此人交往。实验结果是令人震惊的：那些拼图式小组中的大学生很快便能抛弃消极的期待；他们比那

些传统学习环境里的大学生更喜欢这个人,更愿意与他交往。拼图式小组中的大学生对精神病人的描述也普遍更加积极。

理想的情况是,最好在强烈的仇恨发展之前就将人们带入一个合作的环境中。我推荐从小学就开始使用拼图式教学。为了达到最好的效果,每天都应实施拼图式教学,一直持续到高中。如果要我用社会心理学的专业知识建立一个理想的教育体系的话,我会选择从三年级(学生已经发展出足够的学习技能后)开始一直到高中,在每天的大部分时间里使用拼图式教学。但我也注重实际,除社会心理学以外还有其他原理不同却都有价值的学习目标和策略。幸运的是,即便不进行全天候的使用,拼图式教学的作用也是非常强大的。因此,从三年级到六年级,我会在一半的学校时间中使用拼图式教学——从而为在学生中建立合作和同情打下一个坚实的基础。在初中和高中,逐渐减少一点使用拼图式教学的时间是合理的——但要注意确保拼图式学习不会从每个学生的日常经验中完全消失。

是什么使得拼图式学习如此有效?

我们在合作进程中与他人一起紧密工作时,必须学会相互关注，努力倾听，并且尝试找到最好的方式与小组中的每一个人交流。在关注的过程中，我们会学会站在别人的角度，即用他们的方式看待世界。这就自然地催生了同理心、同情心和理解力。

拼图式课堂中还有其他重要因素是传统竞争性课堂所缺乏的。拼图式学习关键之一是小组一起为同一目标而奋斗——就像我们在第五章中讨论的夏令营中的男生。拼图式学习还有一个优点，这一优点强化了它的效果，即在这些小组中，每一个加入其中的孩子都有一项特殊的才能。这项才能就是他或她已经学过的课文的一段。我们每个人想要得到卡洛斯或黛比的那一段课文，唯一的途径就是让他们与我们分享。因此，拼图式结构本质上就是互惠的。

众所周知，当某人帮了我们一个忙，或者送给我们一份礼物时，会让我们对此人的情感发生积极变化。这是不言而喻的。这是如此显而易见，几乎不需要说明。不那么显而易见的是，它还通过另一种方式起作用：无论何时，如果我们帮助了某人，我们就会对那人产生一定的好感。你能猜出这是为什么吗？这是人类自我辩护倾向的一种表现。当我们试图说服自己采取行动时，我们就会试着证明这项行动的正当性。我们对待某人的方式——帮助他或是伤害他——会引导我们证明这样对他的正当性，而这又反过来强化了我们对他的情感。比如，如果我们使某人痛苦，我们可能会为此感到难过。为了减少这种不好的感觉，我们就会尝试着通过说服自己受害者活该从而证明我们伤害行为的正当性。或许我们会说服自己他是一个混蛋，或者他是一个恶人，如果我们给他机会的话他会伤害我们。这会让我们对自己的行为感觉好点，但它也为将来实施更多的伤害奠定了基础。一旦我们认定了我们的受害者是一个可怕的人，活该遭受发生在他身上的坏事，那么在未来一次次地继续伤害他就变得容易了。我把这称为"攻击的逐步升级"。

从哈里斯和克里伯德留下的录像带中，我们可以相当清楚地看到，他们对折磨他们的人心怀愤怒，并认定他们将要实施的可怕行为是正当的。"更多的愤怒，更多的愤怒！都来吧！"哈里斯说。一个曾经折磨过哈里斯和克里伯德的运动员却用了不那么戏剧化的方式证明自己行为的正当性。回忆一下第四章引用的这个年轻人对哈里斯和克里伯德的评论："他们迷上了巫术，迷上了伏都教。我们是嘲笑他们了，但你能期待这些留着奇怪的发型、戴着有角的帽子的孩子到学校来干吗呢？"

这样的动力也可以起反作用：当我们为了他人的利益而努

第六章　根源干预措施（二）：在课堂上创造合作、共情和同情

力时，我们就会通过寻找那个人的某些特质来向自己证明，我们的善举是值得的，以此证明我们行为的正当性。这样，在其他条件相同的情况下，我们会更加喜欢那个我们给予过帮助的人，以此证明我们付出的努力是值得的。在过去几年里，社会心理学家的研究已经证明了这一作用的强大。但聪明人不需要等待社会心理学家的科学证据。早在1736年，本杰明·富兰克林（Benjamin Franklin）就已经将这一智慧充分用在政治上，并且获得了巨大成功。富兰克林，因一位在政治上反对他并明显带有敌意的宾夕法尼亚州议会的成员而感到困扰，他打算争取他的支持：

我没有打算通过对他卑躬屈膝地表示尊敬来赢得他的好感，相反，过了一段时间后，我用了另一种方法。我听说他的图书室里藏有一本非常稀有且奇特的书，我便写了一张便条给他，表达了对阅读这本书的渴望，希望他能够帮我一个忙，将这本书借给我看几天。他立刻将书送了过来，我在一周后将书送回，并附上另一张便条，表达了对这本书强烈的喜爱之情。当我们再一次在议会相遇时，他开始与我交谈（这是以前从来没有过的），并且对我礼貌有加；从那以后，他表现出了随时

愿意为我效劳的态度，于是我们成为了好朋友，我们的友谊一直持续到他去世。这就是我所学到的那句古老格言的一个例子，那句格言是："帮过你的人比你帮过的人更愿意再帮你一回。"

作为自我说服的合作学习

拼图式策略成功了，接下来的几年，一些教育研究者研发出了稍有不同的各种备择的合作技术。与拼图式一样，这些技术每一项都成功地使学生掌握了课程学习的内容，同时与同伴建立起了相互尊敬的伙伴关系，这些技术增加了学生对学校的喜爱，激发了学生学习的动力。所有这一切都有被我称作自我说服的机制在其中起作用。我们的目标在于减少在奥斯汀公立学校学生间蔓延的偏执、猜忌和消极的种族印象，但我们并不是直接试图说服学生偏执是违背道德的。我们没有对他们说诸如非裔美国人和墨西哥裔美国人是好人、是值得尊敬的体面人之类的话。我们也没有举办"全国兄弟周"。这些直接的策略用在转变类似涉及偏见的情感态度或任何其他根深蒂固的态度时，早已被证明是无效的。相反，我们将学生置于一种环境中，学生想在即将到来的测验中取得好成绩，唯一的办法是跟

第六章　根源干预措施（二）：在课堂上创造合作、共情和同情

其他学生一起学习，倾听其他人发言，哪怕是他们之前不喜欢的同学。在为自己取得好成绩而努力的过程中，他们开始欣赏那些之前不喜欢的同学所具有的特殊品质。自利也许不是最好的动机，但它是一个开始。它成功地使个体打开心扉，迎接一系列行为和情感，这些行为和情感最终生成了开放的思维和开阔的心胸，这一切令人叹为观止。

读者应该记得，为了防止类似利特尔顿惨案的事件再次发生，国会通过了一部法律，将在学校张贴"十诫"这样的行为合法化。我也希望事情就这么简单。但是明白人是如何思考的人都知道，张贴"十诫"并不能成功阻止惨案的发生。学生已经知道"十诫"了。哈里斯和克里伯德也十分了解不能杀人的戒律。将"十诫"贴在墙上并不能阻止他们做出令人震惊的事。欺凌者都知道伤害比自己弱小的人是不好的。高中小集团的成员们在家里或者在教会中都曾被教导过，嘲笑、戏弄、羞辱不受欢迎的学生是家长和牧师们不允许的行为。学生们明知道散布难听的谣言或者揭露同学的个人隐私是不好的行为，但许多人仍照做不误。

让我们再回到科伦拜恩高中足球队队员身上来，他承认他和他的朋友嘲笑和戏弄了哈里斯与克里伯德。他在讲述这些时

毫无自责和悔意。相反，他为自己的行为辩解。他说：

  我们是嘲笑他们了。但是你期待这些留着奇怪的发型、戴着有角的帽子的孩子到学校来干吗呢？不仅仅是我们运动员，全校的人都厌恶他们。他们是同性恋，摸人的私处。如果你想要除掉某人，通常的办法就是嘲笑他们。

  我完全能理解他面对哈里斯和克里伯德时产生的不适感，我能感同身受。一个人应如何处理他的不适感呢？这个年轻人显然认为取笑、叫绰号以及排斥是唯一的选择。但如果学校能够教给他更为人性化的方式，那么事情会怎样呢？根据我实施并观察拼图式课堂的经验，我愿意跟你们打赌，如果这个年轻人在拼图式小组里与哈里斯和克里伯德待上几个星期，他对他们的态度（以及他们对他的态度）就会改变，他会更容易接受他们。他会有动力发现他们的积极品质。他会发现除了戏弄他们，还可以用其他方式对待他们。我无法证明这一切，但基于拼图式教学近30年的成功经验，我可以确信，如果科伦拜恩高中在惨案发生前几年就使用拼图式策略，那么它就会成为一个令所有学生更快乐的地方，这场悲剧也就不会发生了。

第六章 根源干预措施（二）：在课堂上创造合作、共情和同情

拼图式教学的难题以及如何解决

合作的课堂氛围培育了相互尊重，我看到这种现象在全国各地的无数课堂上发生。此外，拼图式教学还有几个其他的好处：

- 大多数教师发现拼图式教学很容易学会。
- 大多数教师喜欢这种教学方式。
- 它可以和其他教学策略联合使用。
- 即使每天只使用一到两小时，拼图式教学也是非常有效的。
- 它是免费的。

是不是好得令人难以置信？好吧，是这样又不是这样。如果说拼图式学习总是运行顺畅，显然会误导大家。问题总是存在的。偶尔，总会有一个特别强势、活跃或者吵闹的学生会尝试在他或她的小组里做大部分发言。我们怎么防止这种现象发生呢？还有，总有一些学生有些问题行为，干扰了小组的活动。如果教师不在拼图式小组中，如何控制这些学生？一方面，一些学生阅读很糟糕，或者思维很慢，可能不能为小组撰

写出色的报告。我们怎么帮助他们？另一方面，一些学生很有天分，他们可能会对与那些思维不如自己迅速或不如自己有天分的学生一起学习感到很无聊。对此我们该怎么办？所有这些问题都是真实的，但不是致命的。这里就要讲讲教师该怎样成功解决这些问题。

占据主导地位的学生

大多数使用拼图式教学的教师会发现，在每一次讨论中轮流指定一名学生担任组长，这个方法很有效。组长负责以公平的方式召集大家，并平等地分配参与的机会。而且，学生们很快就意识到，如果允许每个人在被提问和评论前先讲讲各自的学习材料，小组的运作就会更有效，成员所取得的进步也会更大。小组自身的利益最终会使过分主导的问题减少甚至消失。

学习缓慢的学生

如果一个学生的学习能力比较差，他或她很可能会给拼图式小组带回一份比较糟糕的报告，影响小组其他同学在考试中的表现。这种情况一旦发生，拼图式学习可能就会产生反作用。这就好比一个没有天赋的棒球运动员上垒投出一个常规的

第六章　根源干预措施（二）：在课堂上创造合作、共情和同情

飞球，会让队友很生气。

理想的解决办法也在方法本身之中，那就是专家小组预先讨论。说得详细些，就是每个学生都有时间阅读材料，并为报告写一个提纲。在回到自己的拼图式小组做报告前，所有学生都会进入一个由5—6名准备同一主题报告的学生组成的专家小组进行学习。在专家小组中，学生们有机会讨论他们的报告，然后按照小组其他组员的意见修改报告。这个机制很有效。在早期阶段，教师可能需要认真监控专家小组的学习——确保每个学生最后都得到一个准确的报告带回各自的拼图式小组中。大多数教师发现，一旦专家小组掌握了窍门，就可以不必再密切监控了。

无聊问题与聪明学生

拼图式小组中那些最聪明的孩子会怎样呢？他们难道不会对那些学习缓慢的学生感到不耐烦、无聊或者怨恨吗？无聊在任何课堂里都很普遍，这与教学方法无关。无论多么有天赋的教师，多么精彩的学习科目，多么引人入胜的活动，课堂始终缺乏电视或电脑游戏的刺激、娱乐价值和节奏感。

尽管消除学校生活中的无聊感是不可能的，但使用拼图式教学的教师却报告，他们的学生与那些竞争性课堂上的学生相

比，无聊感要少得多。我们的数据也支持了这一观察结果：拼图式班级的学生比控制组班级的学生更喜欢学校。无论是聪明的孩子还是学习缓慢的孩子都一样。

但如果拼图式教学缺乏适当的组织，越有天赋的孩子就越会感觉无聊。有天赋的孩子可能会比其他组员更快掌握学习内容。当小组某个学习缓慢的组员结结巴巴做报告时，学习快的组员已经掌握了大概意思，然后就不再听下去，开始看向窗外。有一句古老的格言，叫作"教学相长"（docemur docendo）。拼图式小组中所有学生都被鼓励采用教师的思维方式，即便在他们还没详述报告的时候。这意味着要密切关注别人的详述，寻找方法鼓励详述者，或者温和地要求其对某些地方进行解释。这种改变对学生们来讲是令人兴奋的，它将学生从被动的信息接收中解放出来，给他们提供尝试新技术的机会。这种思维方式能够将无聊、不耐烦的过程变为令人兴奋的挑战。这种挑战不仅对心理有益，还使学习更加深入。

既然合作学习这么好，为什么不是人人都用它呢？

几乎人人都认为合作是件好事。可是，即便像拼图式或其

第六章 根源干预措施（二）：在课堂上创造合作、共情和同情

他结构化的合作学习策略在全美以及欧洲、亚洲和中东国家的课堂上已为成千上万的有创新精神的教师所用，并且获得了巨大的成功，然而绝大多数的教师却不用这些策略。怎么会这样？我不知道。我猜，同其他人一样，教师们做事的方式遵循他们受训的方式；大多数教师没有被训练过如何使用拼图式。如果教师们听说过拼图式，他们可能会认为这方法难以学习，并因此觉得如果用这个方法就会负担过重，压力过大，那么为什么要在教学风格上做出重大改变呢？

一些教师可能会觉得，在这个"回到基础"的时代，合作学习只是一种装饰——旨在改进学生的社会生活，而不是使学生掌握基础知识。但是这种观点是错误的。拼图式课堂学生的成绩和传统课堂学生的成绩一样好，甚至更好。而且，拼图式可以和其他学习策略相容，即便每天只用一到两个小时都会相当有成效。

一些教师可能不愿意放弃对班级的严密控制。对一些教师来说，拼图式课堂可能看上去非常混乱——有几个学生马上就开口说话。对于一些教师来讲，任何混乱都要不惜一切代价进行避免。但是，拼图式绝不是混乱。确实有几个学生马上就开始说话了——但通常在某一时刻每个小组只有一个人在发言。

其他人几乎总是比传统课堂的学生更加专注地倾听。

一些初中或高中的教师可能感到使用这个方法有点迟了。如果孩子们在他们学校生活的头六年都处于竞争性的环境中的话，那么在后六年引入拼图式可能不会起什么作用。确实，小学引入拼图式最有效。如果在儿童最初的学校生活中就使用拼图式课堂，那么在初高中只要"打一剂加强针"，即每天利用一点时间（一个小时）使用拼图式，就可以防止学校充斥青春期过度竞争所带来的排斥和嘲弄。

如果小学没有使用过拼图式怎么办？不可否认，向从未体验过合作学习的 16 岁学生介绍合作学习，是一场艰苦的战斗。旧的习惯很难被轻易破除，但这些习惯是能够被破除的。什么时候开始都不算晚。这可能会需要多花点时间，但大多数高中生在第一次加入拼图式小组时，就表现出了引人注意的能从合作性结构中受益的能力。

还有一些教师可能会觉得他们已经在使用合作学习了，因为他们会偶尔将学生安排进小组当中，指导他们合作。当他们这么做的时候，他们并没有真正为结果而激动。对于任何读过这本书的人来说，很显然合作学习并不仅仅是让孩子们围坐在一张桌子边，告诉他们要分享，要一起学习，要

第六章 根源干预措施（二）：在课堂上创造合作、共情和同情

相互友善，要合作。这种松散的、非结构性的环境没有包含拼图式以及其他结构性合作学习策略的关键因素和保障措施。

一个教师如何才能学会使用拼图式？

拼图式易学且不用花钱。拼图式确实是一项发明——但它既没有申请专利也没有申请版权保护。我有意把它放在公共领域是因为我想把它送给大家。它对所有想使用的人来说都是免费的。关于这项技术的详细描述在学术期刊和我写的其他两本书里都可以看到。一位教师或者一所学校不需要花钱就可以了解这项技术，——书可以从图书馆借。（有关这些期刊和书籍的详细信息，请参阅本书后面的参考资料部分。）并且，任何想使用拼图式的教师只需要给我写一张带有他们学校抬头的字条，我就会很高兴送给他们一张软盘，里面拷有相关的基本资料。

其他合作技术

我很高兴地告诉大家，拼图式技术不是这一领域唯一

的合作模式。拼图式的发明为许多不同的合作学习策略打开了大门。因此，教师可以有许多选择。这些技术每一项都是独特的，但是它们都有相同的基本关注点：为了参与学习过程，学生必须放弃想赢过同学的想法，必须学会倾听和分享。你可以在本书最后部分的参考文献中发现这些策略的来源。

那么，竞争究竟有什么错？

在没有澄清之前，我还不能结束本章内容。在讨论中，我用了一些词汇如"过度竞争"来描述美国校园里正在发生的事情。别误会。我无意暗示竞争的本质是邪恶的。竞争本身并不邪恶。在我们国家，健康的竞争带来了更好的捕鼠器、汽车和芯片。竞争还有助于天才运动员打破自己最好的个人记录，对于非常有天赋的戏剧家、牙医、音乐家、科学家和木匠也同样如此。竞争本身没有错。但是竞争是无情的、残酷的，对关心和合作不妥协，它所造就的氛围，往好里说是令人不快的，往坏里说是危险的。在运动场上，它培育了一批粉丝，在对方球队的四分卫受伤时欢呼，在对方球队的英雄出局时嘲笑。在

第六章 根源干预措施(二):在课堂上创造合作、共情和同情

课堂上,它带来了一种胜利者和失败者两极分化的氛围,即少数人处于中心并高高在上,而另外多数人则孤独又悲伤地站在外围,向里面看着。我并不支持消灭竞争。我所提倡的是以普遍的合作和关怀代替竞争。我的研究显示,这种环境极易创造,并且大有好处。

第七章 总结和结论：说了不算做了算

> 人之为学，不进则退。
>
> 知识并非空谈。
>
> 聪明人用知识改变行动。
>
> 傻瓜却只会说傻话。
>
> ——希勒（HILLEL）

竞争、排挤、嘲讽和羞辱既不是天性，也不是不可避免。这些不是高中生必须要经历的——但它们却似乎已经成了常态。经过 25 年的仔细研究，社会心理学家确信：我们能做得更好，我们也必须做得更好。诗人 W. H. 奥登（Auden）写道："没有爱，毋宁死。"这句诗既美丽又有力——但也许有力得有点过头了。我认为爱很好，却不是必须的。相互尊重才

第七章 总结和结论:说了不算做了算

是必须的,相互共情和同情才是必须的——甚至对那些表面看上去在种族、民族、兴趣爱好、运动能力、长相、穿衣风格等方面与我们存在巨大差异的人也应如此。

在第五章和第六章,我们推荐了实现这一目标的两种不同的方法:发展情绪智能以及在一个具有合作课程结构的背景下教学学术性科目。这两种方法的共同点我称为"经验性学习",或者通过直接经验的学习。学生们发现班级同学身上人情味和美好,不是因为教师对他们进行了说教,告诉他们兄弟情很有必要或对同伴友善很重要,而是通过他们自身的行动和经验得来。学生们一旦相互关注,相互合作,分享知识,就会相互尊重、理解和同情。教师说的话并不是不重要,而是当关系到人际态度时,学生自己在学习过程中的发现更重要。

我在自己从东海岸到西海岸的课堂实验中,见证了成千上万名学生通过这种方式学到了共情与同情。涉及重大问题(改变生活态度)时,说教并不怎么奏效——这一研究结论已经成了一条具有社会心理学智慧的基本信条。你不能通过告诉学生歧视和偏见是不对的来使背景不同的他们相互欣赏。但如果你把他们置于一种情境中,让他们在一个为使每个人的个性闪光而设计的结构中互动,他们就会学会相互欣赏。

社会学习和模仿

重要的不仅仅是学生的所作所为,还包括教师的所作所为(不是我们的言传,而是我们的身教)。想象一下,假如你是一名高中社会科学教师,就在你要上课的当口儿,戴夫,一个不那么有前途的学生,忽然说道:"不管怎样我决定了。我不要做美国人,一有机会,我就离开。"

你会怎么回应呢?我猜很多人听到这样的话会很生气。至少这话听上去有点忘本,甚至可能是愤怒的或怀有敌意的。它当然不像是深思熟虑的判断,而且在有些人听来就是一句蠢话。所以,如果你是那位教师,你会表现出你的恼怒吗?你会告诉戴夫他的这一说法欠缺认真考虑吗?你会设法劝他不要这么做吗?或者你只是不予理睬,继续上你的课?

教育者泰德·赛泽和南希·赛泽描述了一个天才教师——桑托斯小姐在这种环境下的反应。桑托斯小姐很认真地对待戴夫的话,并且饶有兴趣地、尊重地看着他。首先她只问他为什么有这样的感觉。戴夫说美国人总是感觉很好,但实际上甚至并不是真正的民主,因为我们还有如此众多的穷人,其中大部

第七章 总结和结论:说了不算做了算

分是黑人。其他国家处理这个问题的方式更好。"我要到其中一个国家去生活。"

"戴夫,你想到了哪个国家呢?"

结果戴夫想到了两三个国家,但当他提起这些国家时,其他学生就会用这些国家中存在的其他问题来反驳。继而一场生动的、充满活力的讨论发生了。戴夫坚持自己的观点,但随着讨论的展开,他显然越来越愿意倾听并思考其他同学的观点。在这场讨论的大多数时间里,桑托斯小姐并没有积极投身其中,而是静静地坐着,身体前倾,仔细聆听。

过了一会儿,桑托斯小姐问道:"你愿意住在一个没有任何问题的国家中吗?"她的语气很平静,但这问题却很能挑起争论。她从讨论的意义上向戴夫发问,但问题却是面向所有学生的。有几个学生开始谈论这个问题的意义。然后教师就帮助学生思考在一个被看作是"一件进步中的作品"的国家生活的潜在价值;所谓"一件进步中的作品"指的是这个国家尚有重要的、有价值的任务要去完成。学生们受到了鼓舞。他们开始举出那些直面挑战,为了全体公民而努力使国家变得更好的榜样人物,如埃莉诺·罗斯福(Eleanor Roosevelt)、马丁·路德·金(Martin Luther King)、小西泽·查维斯(Jr., Cesar

Chavez)等。过了一会儿,戴夫自己也举了一个榜样人物的例子。他的语气充满兴趣和兴奋。看上去他不那么痛苦了,也不那么失望了,而是充满希望的样子。

桑托斯小姐花了点时间处理戴夫的问题,因此偏离了她的教学计划。有人可能会说,她丧失了课堂宝贵的15分钟或20分钟。但我却认为,她所获得的东西的价值远远大于可能失去的东西。桑托斯小姐用一种具有挑战性但不具有惩罚性的方式回应戴夫,不仅是有效教学的良好示范,还显示出对戴夫及其思想的尊重——即使她可能对这些想法并不赞同。

泰德·赛泽和南希·赛泽将他们的书命名为《学生们正看着呢》(*The Students Are Watching*)。这书名太恰当了。我们的所作所为跟我们的所说所讲相比,学生更倾向于接收前者的讯息。如果我们的所说所讲与我们的所作所为不一致,那么就会对学生产生极其严重的影响。比如,如果桑托斯小姐一直在宣扬尊重他人的重要性,但却始终不尊重戴夫和他的同学,那么几乎可以肯定,她的学生会产生绝望和玩世不恭的情绪。

在读到戴夫和桑托斯小姐的故事的前几周,我看到当地报纸上有一则报道,说路易斯安那州通过了一项法律,要求学生必须称呼男教师为"先生",称呼女教师为"女士"。立法的

第七章 总结和结论：说了不算做了算

原因是：在科伦拜恩惨案发生后，州立法机关想要引导学生学会尊敬他们的老师和同学。

这两者之间的对照是显著的。作为一名社会心理学家，我知道不能用法律规定尊重。强迫别人遵守任何规则几乎从未有过一丁点积极的效果（除了让人们假装遵守规则之外）。如果我用一把上了膛的枪指着你的脑袋，命令你说你爱我，我可能会听到你说你爱我。但我猜我的这一行为无法得到你的爱。如果对不遵守法规的人施以惩罚，可能会让人更听话，但却无法使他们欣赏自己被迫做的事情。强迫人们说尊敬的词语不可能真的教会人们尊敬。

即使因为某人做了某件事情而奖赏某人，也不会使这件事情本身变得更有吸引力。如果你给你儿子足够诱人的奖励让他去修剪草坪，那他一定会去做，但他不会享受做这件事的过程。出于同样的原因，如果你想要你的学生史蒂夫背诵乘法表，奖励会很奏效。金星星、表扬、高分以及礼物都会起到很好的激励作用，促使他去学习这些内容。但是这些奖励不会使史蒂夫享受背诵乘法表的过程。然而作为一个教育者，我不大在乎史蒂夫是否爱背诵乘法表，我只想要他学会它。

那么，这有什么大不了的呢？让我们更进一步。假设我奖励史蒂夫阅读莎士比亚。没问题。给予同样的刺激，我既然可以让他背诵乘法表，也可以让他阅读莎士比亚。但正是下面的原因，说明了为什么这是一件重要的事：作为教育者，我确实在乎史蒂夫是否喜欢阅读莎士比亚。事实上，我的目的就是让他接触这位大师。史蒂夫会因为我的奖赏而爱上莎士比亚吗？对于教师来说，这个问题很重要。

不幸的是，答案是否定的。奖励一个人去阅读莎士比亚甚至会妨害他本身已形成的任何喜爱阅读的倾向。爱德华·德西（Edward Deci）和他的同事做了几个实验，很好地揭示了这一点，即奖励人们做出好的行为事实上会降低这一行为的吸引力。

比如，有这样一个实验，有一群大学生各自解一个有趣的谜题有一个小时了。第二天，有一半的学生每解开一道题就会得到一美元报酬。而另一半学生跟以前一样解题，没有报酬。在第三天，两组学生都没有报酬。问题来了：两组学生对于谜题的喜爱程度如何呢？第三天，研究者对此进行了测量，具体方法是允许被试在休息时做任何喜欢做的事情。这一实验的结论清晰且具有说服力：在休息时间，没有获得报酬的小组比获得报酬的小组花了更多时间解谜题。对于获得过报酬的小组来

第七章 总结和结论:说了不算做了算

说,如果没有更多的报酬,他们对于谜题的兴趣就会逐渐消退。简言之,研究者给予报酬使学生对谜题的兴趣减少了。他们实际上将玩乐变成了工作。这个结论使我想起伟大的篮球运动员比尔·拉塞尔(Bill Russell)说过的一句话。拉塞尔回忆自己在高中和大学时是多么喜欢打篮球,可是,"一旦我开始认真考虑以打球为生时,打球本身的魅力就失去了一部分"。

让我们将这些发现用到表示尊敬的问题上来。如果你不能通过强迫年轻人遵守规则或者靠奖励来教他们什么是尊敬,那你能做什么?桑托斯小姐已经给出了答案。最好的方法之一就是通过示范引导年轻人效仿。回忆一下那场实验,即当孩子们看到一个成年人通过拍打充气的波波玩偶表现攻击性时,他们也变得更具有攻击性了。同样的原理也适用于理想行为。如果路易斯安那州的学校想要孩子们对教师和其他孩子表现出尊敬,那么所有的教师都要先成为这样的表率。

社会心理学和公共政策

我已经讨论了这样一个事实,即在经历了像科伦拜恩惨案这样一场可怕的悲剧之后,我们的第一反应就是去责备某人。

这种冲动是可以理解的,但指责通常不能阻止未来悲剧的发生。为了防止悲剧重演,我们必须设法去理解灾难的根本原因,并提出反映这种认识的干预手段。

政策制定者经常会匆忙提出未考虑成熟的解决方案,只是为了让人们看到他们做事的热情。这些解决方案从表面看可能是合理的,但事实上它们并不怎么起作用。路易斯安那州的立法机构就是这样。国会试图通过立法来解决问题与让学校张贴"十诫"存在相同的问题。这种干预手段可能是政治上的权宜之计,但作为公共政策却虚弱无力。请不要误解我的意思,我没有反对"十诫"。它是一套非常重要的伦理准则。我只是认为,将它张贴在学校的公告栏里对学生的行为几乎没有影响。每个学生都熟悉"十诫"。我有理由确信他们甚至能够背诵大部分戒律。他们知道他们不应该杀人或偷窃。他们也知道他们应该使他们的父母感到自豪。他们甚至可能知道他们不应该无缘无故地提上帝的名字——尽管我猜很少有人知道这是什么意思。但能够背诵"十诫"和遵循"十诫"生活是两码事。那些有道德感的学生并不需要被提醒不应杀戮或偷盗。而对于那些没有道德感的学生来说,即使看到了墙上的那张纸,也不可能停止杀戮或偷盗。

第七章　总结和结论：说了不算做了算

这本书不只是谈论科伦拜恩。我的目的也不单单是力图防止病态的"失败者"杀害他们的同学，而是要提出办法转变学校氛围，这样就不会有失败者，也就不会有人心生怨恨了。我运用了这几十年以来社会心理学的研究和智慧，努力为家长和教师提供工具，以帮助我们的学校成为更具支持性和同情心的地方。我们不需要依靠牺牲学生的基础学业来达到这一目的。这本书中所建议的干预措施可能比张贴"十诫"或是强迫学生说敬语需要更多一点的努力，但它们都是简单易行的。任何称职的教师都能以桑托斯小姐的方式表现对学生的尊重。任何称职的教师都能够改善学生的情绪智能。任何称职的教师都能在几小时的时间里学会使用拼图式教学。解决问题的方法就摆在我们眼前。作为教师、校长、家长和关切的公民，我们务必要确保它们得到使用。

参考文献

第一章

Aderholt, R. quoted in Mitchell, A., & Bruni, F. (1999, June 18). Guns and schools: The overview; House vote deals a stinging defeat to gun controls. *The New York Times*.

Aronson, E. (1978). *The Jigsaw Classroom*. Beverly Hills, CA: Sage.

Aronson, E., & Bridgeman, D. (1979). Jigsaw groups and the desegregated classroom: In pursuit of common goals. *Personality and Social Psychology Bulletin*, 5, 438–446.

Aronson, E., & Goode, E. (1980). Training teachers to implement jigsaw learning: A manual for teachers. In S. Sharan, P. Hare, C. Webb, R. Hertz-Lazarowitz (Eds.), *Cooperation in*

Education. Provo, UT: Brigham Young University Press.

Aronson, E., & Patnoe, S. (1997). *Cooperation in the classroom: The Jigsaw Method.* New York: Longman.

Dewey, J. (1916). *Democracy and Education.* New York: Macmillan.

第二章

Aronson, E. (1999). *The Social Animal* (8th ed.). New York: Worth/W. H. Freeman.

Fischhoff, B. (1975). Hindsight foresight: The effect of outcome knowledge on judgment under uncertainty. *Journal of Experimental Psychology: Human Perception and Performance*, 1, 288–299.

Fischhoff, B., & Beyth, R. (1975). "I knew it would happen": Remembered probabilities on once-future things. *Organizational Behavior and Human Performance*, 13, 1–16.

Jacobs, J. (1999, December 20). Evil, not rage, drove teen killers. *San Jose Mercury News*, p. 7B.

Milgram, S. (1963). Behavioral study of obedience. *Journal of Abnormal and Social Psychology*, 67, 371–378.

Misty, B., & L'Engle, M. (1999). *She said yes: The unlikely martyrdom of Cassie Bernall*. Farmington, PA: Plough Publishing.

Morse, J. (1999, October 25). 3:30 pm: Mental health: A week in the life of a high school, Webster Groves. *Time* magazine, 154 (17).

Ross, L., Amabile, T. M., & Steinmetz, J. L. (1977). Social roles, social control, and biases in social-perception processes. *Journal of Personality and Social Psychology*, 35, 485–494.

Wilgoren, J., & Johnson, D. (1999, April 23). Terror in Littleton: The suspects; Sketch of killers: Contradictions and confusion. *The New York Times*.

第三章

Anderson, C., & Dill, K. (1999). Video games and aggressive thoughts, feelings, and behavior in the laboratory and in life. *Journal of Personality and Social Psychology*, in press.

Bandura, A., Ross, D., & Ross, S. (1961). Transmission

of aggression through imitation of aggressive models. *Journal of Abnormal and Social Psychology*, 63, 575 – 582.

Bandura, A., Ross, D., & Ross, S. (1963). A comparative test of the status envy, social power, and secondary reinforcement theories of identificatory learning. *Journal of Abnormal and Social Psychology*, 67, 527 – 534.

Bandura, A., Ross, D., & Ross, S. (1963). Vicarious reinforcement and initiative learning. *Journal of Abnormal and Social Psychology*, 67, 601 – 607.

Banks, T., & Dabbs, J. M. Jr. (1996). Salivary testosterone and cortisol in delinquent and violent urban subculture. *Journal of Social Psychology*, 136 (1), 49 – 56.

Berger, K. (2000). *The developing person through childhood and adolescence*. New York: Worth.

Cantor, J. Confronting children's fright responses to mass media. In D. Zillmann, J. Bryant, & A. C. Huston (Eds.), *Media, children, and the family: Social scientific, psychodynamic, and clinical perspectives*. Hillsdale, NJ: Erlbaum.

Cline, V. B., Croft, R. G., & Courrier, S. (1973).

Desensitization of children to television violence. *Journal of Personality and Social Psychology*, 27, 360–365.

Dabbs, J. M., Carr, T. S., Frady, R. L., & Riad, J. K. (1995). Testosterone, crime, and misbehavior among 692 male prison inmates. *Personality and Individual Differences*, 7, 269–275.

Eron, L., Huesmann, L., Lefkowitz, M., & Walder, L. (1996). Does television violence cause aggression? In D. Greenberg (Ed.), Criminal careers, Vol. 2. *The international library of criminology criminal justice and penology*. Hanover, NH: Dartmouth.

Goldberg, C., & Connelly, M. (1999, October 20.). Poll finds decline in teen-age fear and violence. *The New York Times*.

Howe, G. (1972). *Man, environment and disease in Britain*. New York: Barnes & Noble.

Huesmann, L. R. (1982). Television violence and aggressive behavior. In D. Pearly, L. Bouthilet, & J. Lazar (Eds.), *Television and behavior: Vol. 2. Technical Reviews* (pp. 220–256). Washington, DC: National Institute of Mental Health.

Huston, A., & Wright, J. (1996). Television and socialization of young children. In T. M. MacBeth (Ed.), *Tuning in to young viewers: Social science perspectives on television*. Thousand Oaks, CA: Sage.

Josephson, W. D. (1987). Television violence and children's aggression: Testing the priming, social script, and disinhibition prediction. *Journal of Personality and Social Psychology*, 53, 882-890.

Liebert, R., & Baron, R. (1972). Some immediate effects of televised violence on children's behavior. *Developmental Psychology*, 6, 469-475.

Quindlen, A. (1999, November 1). The widows and the wounded. *Newsweek*.

Seppa, N. (1997). Children's TV remains steeped in violence. *APA Monitor*, 28, 36.

Signorelli, N., Gerber, G., & Morgan, M. (1995). Violence on television: The Cultural Indicators Project. *Journal of Broadcasting & Electronic Media*, 39 (2), 278-283.

Tribe, L. & Amar, A. R. (1999, October 28). Well-regulated militias, and more. [Op. ed. article]. *The New York Times.*

第四章

Berger, K. (2000). *The developing person through childhood and adolescence.* New York: Worth.

Garbarino, J. (1999). *Lost boys: Why our sons turn violent and how we can save them.* New York: Free Press.

Garbarino, J. (1999, December 20). Some kids are orchids. *Time* magazine, 154 (25).

Gibbs, N. (1999, October 24). A week in the life of a high school, Webster Groves. *Time* magazine, 154 (17).

Gibbs, N., & Roche, T., (1999, December 20). The Columbine Tapes. *Time* magazine, 154 (25).

Gilligan, J. (1992). *Violence: Our deadly epidemic and its causes.* New York: Grosset/Putnam.

Harmon, A. (1999, April 24). Terror in Littleton: The outcasts; Theme song on the Internet: The pain of social ostracism. *The New York Times.*

Lewin, T. (1999, May 2). Terror in Littleton: The teen-age culture; Arizona high school provides glimpse inside cliques. *The New York Times.*

Townsend, P. (1999, May 23). *Santa Cruz Sentinel*, p. 89.

第五章

Asher, S. R., & Rose, A. J. (1997). Promoting children's social emotional adjustment with peers. In P. Salovey, D. J. Sluyter, et al. (Eds.). *Emotional development and emotional intelligence: Educational implications.* New York: Basic Books.

Eisenberg, N., Fabes, R., & Shea, C. (1989). Gender differences in empathy and prosocial moral reasoning: Empirical investigations. In M. Brabeck, et al. (Eds.). *Who cares?: Theory, research, and educational implications of the ethic of care.* New York: Praeger.

Feshbach, N. (1989). Empathy training and prosocial behavior. In J. Groebel & R. Hinde, et al. (Eds.). *Aggression and war: Their biological and social bases.* Cambridge, UK: Cambridge University Press.

Feshbach, N. (1997). Empathy: The formative years — implications for clinical practice. In A. Bohart & L. Greenberg, et al. (Eds.). *Empathy reconsidered: New directions in psychotherapy*. Washington, DC: American Psychological Association.

Feshbach, N., & Cohen, S. (1988). Training affects comprehension in young children: An experimental evaluation. *Journal of Applied Developmental Psychology*, 9 (2), 201–210.

Feynman, R. (1985). *"Surely you're joking, Mr. Feynman!" Adventures of a curious character*. (As told to Ralph Leighton; edited by Edward Hutchings.) New York: Norton.

Garbarino, J. (1999). *Lost boys: Why our sons turn violent and how we can save them*. New York: Free Press.

Gardner quoted in Goleman, D. (1995). *Emotional intelligence*. New York: Bantam Doubleday Dell, pages 41–42.

Gibbs, N. (1999, October 24). A week in the life of a high school: Webster Groves. *Time* magazine, 154 (17).

Goldberg, C., & Connelly, M. (1999, October 20). Poll finds decline in teen-age fear and violence. *The New York Times*.

Goleman, D. (1995). *Emotional intelligence.* New York: Bantam Doubleday Dell.

Hanson, R. A., & Mullis, R. L. (1985). Age and gender differences in empathy and moral reasoning among adolescents. *Child Study Journal*, 15 (3), 181 − 188.

Kinzer, S. (1999, September 13). A sudden friendship blossoms between Greece and Turkey. *The New York Times.*

Lennon, R., & Eisenberg, N. (1987). Gender and age differences in empathy and sympathy. In N. Eisenberg, J. Strayer, et al. (Eds.). *Empathy and its development.* New York: Cambridge University Press.

Maccoby, E. E. (1995). The two sexes and their social systems. In P. Moen, G. H. Elder, Jr., et al. (Eds.). *Examining lives in context: Perspectives on the ecology of human development.* Washington, DC: American Psychological Association.

Maccoby, E. E. (1998). *The two sexes: Growing up apart, coming together.* Cambridge, MA: Belknap Press /Harvard University Press.

Maccoby, E. E., & Jacklin, C. (1974). *The psychology of*

sex differences. Stanford, CA: Stanford University Press.

Mischel, W., Shoda, Y., & Rodriguez, M. (1992). Delay of gratification in children. In G. Loewenstein, J. Elster, et al. (Eds.). *Choice over time*. New York: Russell Sage Foundation.

Olweus, D. (1991). Bully/victim problems among schoolchildren: Basic facts and effects of a school-based intervention program. In D. Pepler &K. Rubin (Eds.). *The development and treatment of childhood aggression*. Hillsdale, NJ: Erlbaum.

Olweus, D. (1996). Bullying at school: Knowledge base and an effective intervention program. In C. Ferris & T. Grisso (Eds.), *Understanding aggressive behavior in children*. New York: New York Academy of Sciences.

Olweus, D. (1997). Tackling peer victimization with a school based intervention program. In D. Fry & K. Bjorkqvist (Eds.), *Cultural variation in conflict resolution: Alternatives to violence*. Hillsdale, NJ: Erlbaum.

Pawelkiewicz, W. M. (1981). A multivariate study of the effects of background, personality, cognitive and situational variables upon delay processes in kindergarten, second and third grade children. University of Connecticut. Dissertation Abstracts International.

Pollack, W. (1998). *Real boys: Rescuing our sons from the myths of boyhood*. New York: Random House.

Report: Women less violent; Findings: Men commit majority of crimes, more serious offenses. *San Jose Mercury News*. December 6, 1999.

Sherif, M., Harvey, O. J., White, B. J., Hood, W., & Sherif, C. (1961). *Intergroup conflict and cooperation: The Robbers Cave experiment*. Norman, OK: University of Oklahoma Institute of Intergroup Relations.

Sizer, T., & Sizer, N. (1999). *The students are watching*. Boston: Beacon Press.

第六章

Aronson, E. (1978). *The Jigsaw Classroom*. Beverly Hills, CA: Sage.

Aronson, E. (1999). *The Social Animal*, 8th edition. New

York: Worth/Freeman.

Aronson, E., & Patnoe, S. (1997). *Cooperation in the classroom: The jigsaw method*. New York: Longman.

Bigelow, J. (Ed.). (1916). *The autobiography of Benjamin Franklin*. New York: G. P. Putnam's Sons.

Desforges, D. M., Lord, C. G., Ramsey, S. L., Mason, J. A., Van Leeuwen, M. D., West, S. C., & Lepper, M. R. (1991). Effects of structured cooperative contact on changing negative attitudes towards stigmatized social groups. *Journal of Personality and Social Psychology*, 60, 531–544.

Gibbs, N., & Roche, T. (1999, December 20). The Columbine tapes. *Time* magazine, 154 (25).

Jecker, J., & Landy, D. (1969). Liking a person as a function of doing him a favor. *Human Relations*, 22, 371–378.

Pines, A., & Aronson, E. (1988). *Career Burnout*. New York: Free Press.

Qin, Z., Johnson, D. W., & Johnson, R. T. (1995). Cooperative versus competitive efforts and problem solving. *Review of Educational Research*, 65, 29–143.

Sharan, S., Hare, P., Webb, C., & Hertz-Lazarowitz, R. (1980). *Cooperation in Education*. Provo, UT: Brigham Young University Press.

Slavin, R. (1996). Resrarch on cooperative learning and achievement: What we know, what we need to know. *Contemporary Educational Psychology*, 21, 43–69.

Walker, I., & Crogan, M. (1998). Academic performance, prejudice, and the jigsaw classroom: New pieces to the puzzle. *Journal of Community and Applied Social Psychology*.

Wharton, W. (1979). *Birdy*. New York: Knopf.

第七章

Bandura, A., Ross, D., & Ross, S. (1961). Transmission of aggression through imitation of aggressive models. *Journal of Abnormal and Social Psychology*, 63, 575–582.

Deci, E. (1971). Effects of externally mediated rewards on intrinsic motivation. *Journal of Personality and Social Psychology*, 18, 105–115.

Lepper, M. R., & Greene, D. (1975). Turning play into

work: Effects of adult surveillance and extrinsic rewards on children's intrinsic motivation. *Journal of Personality and Social Psychology*, 31, 479 - 486.

Russell, B., & Branch, T. (1979). *Second wind: The memoirs of an opinionated man.* New York: Ballantine.

Sizer, T., & Sizer, N. (1999). *The students are watching.* Boston: Beacon Press.

网络资源

以下是一些解决和预防学校暴力问题的网站网址：

校园暴力预防中心（Center for the Prevention of School Violence）

20 Enterprise St., Ste 2

Raleigh, NC 27607 - 7375

Tel: 800 - 299 - 6054 or 919 - 515 - 9397

Fax: 919 - 515 - 9561

www. ncsu. edu

全国学校安全中心（National School Safety Center）

141 Dusenberg Dr., Ste 11

Westlake Village, CA 91362

Tel: 805-373-9977

Fax: 805-373-9277

www.nssc1.org

连接孩子(Connect for Kids)

The Benton Foundation

950 18th Street, N. W.

Washington, DC 20006

Tel: 202-638-5770

Fax: 202-638-5771

www.connectforkids.org

阻止校园暴力(Stop School Violence)

This site has links to

many topics of interest

on the Web.

www.stopschoolviolence.com

Nobody Left to Hate: Teaching Compassion after Columbine
by Elliot Aronson
© 2000 W.H. Freeman and Company
Published by arrangement with Henry Holt and Company, New York.
Simplified Chinese translation copyright © 2019 by
East China Normal University Press Ltd.
All rights reserved

上海市版权局著作权合同登记 图字: 09 - 2018 - 1032